映画のタネとシカケ

なぜ好きな映画は何度も観たくなるのか？

現代日本映画編

玄光社

「なぜ好きな映画は何度も観たくなるのか？」

　　　この「映画のタネとシカケ 現代日本映画編」は映画作りに携わりたい人、携わる人、そして映画が好きな人に読んでもらうことを念頭に書きました。本書では11本の映画の技術的な工夫（演出・映像・仕上げ）＝「タネとシカケ」を読み解いて、言語化と図式化をしています。
　　　副題「なぜ好きな映画は何度も観たくなるのか？」は、私が中学3年生のとき、名画座で大好きな『スターウォーズ』シリーズの『スターウォーズ ジェダイの復讐』（現在の題はジェダイの帰還）をずっと観続けていた体験から思いついたものです。10日で27回観て、なぜ好きな映画は何度も観たくなるのか、映画の「タネとシカケ」を知りたいという思いが私の中で芽生えました。今回の副題は私の原点と言えるものです。

目減りしない演出

　　　私が映画作りを志して日本映画学校（現・日本映画大学）に入学して初めての実習で撮った映像は、映画館で観た映画の映像とは別物でした。カメラを向けるだけでは映画を撮れない、それには技術が必要だと知りました。
　　　本書で取り上げてる映画『バトル・ロワイアル』（00）の深作監督が自身の演出術について話したことは、技術の大切さを知る一例になります。深作さんが監督になった1960年代、撮影現場でOKと思った芝居をスクリーンで見ると、現場で見たものの40パーセントしか映っていなかったと話しています。
　　　深作監督はこれをカメラのレンズを通して映してスクリーンに投影する、映画のメカニズムにより欠け落ちていく、やむを得ないものと考えています。残りの60パーセントは最初から目減りするものと承知して、どうカバーするか、どう取り戻すかを考えました。撮影段階では俳優のブロッキング（舞台での俳優の動きや位置を示す用語）に加えて、カメラの構図や照明の工夫をして、仕上げの段階では編集や音楽で補って、目減りするのを防ぐことこそが演出術だと話しています。

スタッフの地位の向上

　　　映画作りの現場で監督やスタッフが考え抜いて使う技術的な工夫（演出・映像・仕上げ）＝「タネとシカケ」は、その映画固有の「映像の文体」を生み出しています。それぞれの映画に相応しいと選ばれた技術からは、スタッフの作品に対する考えや思いの一部を感じ取ることができます。
　　　今回の本では前著（「映画のタネとシカケ」）で書いた撮影や照明、編集に加えて、美術・録音・衣裳・ヘアメイクについて触れています。よりさまざまな角度から、技術が映画にどのように貢献をして「映像の文体」を生み出しているのか、知ってもらう機会になればと考えています。そしてスタッフの仕事への理解が深まり、地位の向上へつながることの一助となれば嬉しいです。

お薦めしたい本書の読み方

　　　本書はイラストと図解、小見出しとキャプションで大体の内容が分かるようにしています。最初にイラストと図解を見て、小見出しとキャプションを読むことで全体像を掴んでもらいたいと思います。それからあと、詳しく知りたい箇所は本文を読むことをお薦めします。本文では前作同様にわかりやすく平易な言葉を使うことを心がけました。専門用語を使う必要があるときには、脚注を使わずに本文中で説明するようにしています。
　　　イラストと展開図を多く使う構成にしたのは、前回の本を書く前、私が大学の講義でイラストと図説で具体的に示すと、生徒たちの中には理解が早いだけでなく、面白い発想をする人がいたからです。
　　　書籍編集者の小野民樹さんが書評で「映像に込められた緻密な工夫と現代の映画技法を解き明かす映画絵本である」と評してくださったことには勇気づけられました。今回の本ではイラストと展開図を増やして、「映画絵本」というコンセプトをより明確にしています。
　　　人の思考方法には周りの世界を言葉から理解をするのか、視覚から理解するのか、言語思考者、視覚思考者、両思考の混合タイプがあることを解説した本「ビジュアル・シンカーの脳〜「絵」で考える人々の世界」（テンプル・グランディン著）を、今回の本のレイアウトを考えるときの参考にしました。

11本の映画の選び方

　本書で取り上げた11本の映画は、本の内容と照らし合わせやすいように、観る機会を作りやすい映画を選んでいます。本の性質上、映画の結末やクライマックスに触れる、所謂ネタバレをしていますがこの点はご容赦ください。
　また前著が台湾と韓国で翻訳されたこと、フランスで翻訳の話があったことで、海外の人たちにも知られている日本映画を半分入れようと決めました。本書が別の国の言葉に翻訳されることで、今までとは違う角度から日本映画を知ってもらえる機会となることを願っています。

日本映画について書いたきっかけ

　今回、日本映画について書いたきっかけは2つあります。1つは映画監督の筒井武文さんが書評で、「次は日本映画について論じて欲しいと思わない読者はいないだろう」と書かれていたことです。もう1つは私が文化庁の芸術家在外研修員制度を使い、2023年の春から夏にかけてフランスに3ヶ月の留学をしたときに、本を見せたフランスの映画人たちから、「面白い本だけど、なぜ自分の国の映画について書かないのか？」と言われたことです。
　2000年代の日本映画を書くきっかけを与えてくれたのは、本書の帯文を書いてくださったリリー・フランキーさんです。2023年12月、リリーさんがアンバサダーを務めた北九州国際映画祭で、私は講演会に登壇しました。このとき、リリーさんと同じく登壇する吉田大八監督とお話するため、書いたレジュメがこの本の始まりです。
　レジュメに選んだ映画は、リリーさんが出演している『そして父になる』(是枝裕和／13)と『凶悪』(白石和彌／13)、吉田監督の作品『紙の月』(14)でした。2000年代の映画は情報が大量にあるので、他の方が書いたことと重複する気がしたので避けるつもりでしたが、このときの経験で書く自信を持つことができました。

謝辞

　本書は、2023年3月に出版した前著「映画のタネとシカケ」が、多くの人たちに読んでもらえたことで、書く機会を再びいただけました。お読みいただいた方に深く御礼を申し上げます。
　前著が多くの人に知ってもらう機会となったのは、ライムスターの宇多丸さんが帯文を書いてくださり、さらにTBSラジオの「アフター6ジャンクション」(現「アフター6ジャンクション2」)でお話をしてくれたことです。また前著の序文でも書きましたが、宇多丸さんが映像技術にも触れる奥行きのある映画評をしながら、専門用語を使わない平易な言葉の使い方は、今回も引き続き参考にさせていただきました。
　本書の記事をより良いものにすることに協力をしてくださった、芦澤明子さん、安宅紀文さん、石田記理さん、今井孝博さん、髙木創さん、柳島克己さん、山崎梓さん、山﨑裕さん(五十音順)、そして講演会の場で話してくださった吉田大八監督に感謝しています。
　前著に引き続き、編集の一柳通隆さん、デザインの飯田裕子さん、イラストレーターの中澤一宏さん、今回加わった清水ツユコさんが素晴らしい仕事をしてくださいました。本当に感謝をしています。大学で私の講義を聴講した学生さんと実習助手の皆さんから、面白くて勉強になります、と言われたことは書く励みとなりました。そして私のパートナーの柳生智子さんは、今回も私に適切なアドバイスをしてくれたことで、本の内容に自信を持つことができました。映像の専門家ではない柳生さんの客観的な意見は私に欠かせないものでした。
　本書を読むことが、映画作りを志す人の役に立ち、映画を観ることが好きな人は観る楽しみが広がれば、私を生かし続けてくれた映画への恩返しを、少しだけできたことになります。

CONTENTS

CASE 01

006　音が表現する2つの家族の違い

『そして父になる』監督：是枝裕和

CASE 02

014　主人公の心情を可視化するヘアメイク

『紙の月』監督：吉田大八

CASE 03

028　2人の男の気持ちが近づき、
遠ざかるのを描くカットバック

『凶悪』監督：白石和彌

CASE 04

042　家族の破滅と再生を物語る、
カメラの構図と照明

『トウキョウソナタ』監督：黒沢 清

CASE 05

056　音が伝える場所の雰囲気と物語の伏線

『永い言い訳』監督：西川美和

CASE 06

072　親密さが増すのを見せる人物とカメラの位置

『ドライブ・マイ・カー』監督：濱口竜介

CASE 07

086　主人公の世界観を作り出す「美術」の力

『モリのいる場所』監督：沖田修一

CASE 08

098

言葉に出せない気持ちを語る
筋道の通った照明

『たそがれ清兵衛』 監督：山田洋次

CASE 09

110

間合いとレンズの違いが生み出す
殺陣の臨場感

『座頭市』 監督：北野 武

CASE 10

124

動線の向きと「コマ打ち」で描かれる
スペクタクルなシーン

『崖の上のポニョ』 監督：宮崎 駿

CASE 11

142

カメラワークとブロッキングが結びついた
〝目減り〟を防ぐ演出術

『バトル・ロワイアル』 監督：深作欣二

COLUMN 01

055

レンズを交換する理由

COLUMN 02

085

物語の転換点で位置関係を変える映像演出

『アベンジャーズ／エンドゲーム』

○本書は月刊VIDEO SALONの連載「映画の裏窓」を元に大幅に改稿しています
○凡例：文中の映画タイトルの後のカッコは監督名と公開年の下二桁を意味します
○解説しているシーンの時間は、Blu-ray、DVDを基準にしています

CASE 01

音が表現する2つの家族の違い

『そして父になる』

監督 是枝裕和

脚本・編集:是枝裕和　出演:福山雅治　尾野真千子　リリー・フランキー　真木よう子　二宮慶多　黄 升炫　ピエール瀧　田中哲司　風吹ジュン
國村 隼　井浦新　樹木希林　夏八木勲　撮影:瀧本幹也　照明:藤井稔恭　美術:三ツ松けいこ　装飾:松葉明子　録音:弦巻裕
音響効果:岡瀬晶彦　特機:月村恒宣　衣裳:黒澤和子　鍛本美佐子　ヘアメイク:百瀬広美　古川なるみ　フードスタイリスト:飯島奈美
キャスティング:田端利江　スクリプター:冨田美穂　助監督:兼重 淳　制作担当:熊谷 悠　音楽プロデューサー:安井 輝
音楽:松本淳一　森 敬　松原毅　タイトル:津田輝王　関口里織　製作:亀山千広　畠中達郎　依田 巽
エグゼクティブプロデューサー:小川 泰　原田知明　小竹里美　プロデューサー:松崎 薫　田口 聖　ラインプロデューサー:新野安行
アソシエイトプロデューサー:大澤 恵　配給:GAGA　上映時間:121分　製作年:2013年
カメラ＆レンズ:Arriflex 535B, Zeiss Super Speed Lenses　撮影フォーマット:35mmフィルム（Kodak Vision3 250D 5207, Vision3 500T 5219）
現像:IMAGICA　フィルムタイミング:高橋守朗　アスペクト比:1.85:1

『そして父になる』(是枝裕和監督／13)は、新生児の取り違えを題材にしています。取り違えとは病院で自分の子どもを出産したあと、何らかの要因で別の人の子どもと入れ替わることで、1960年代までは日本でも時折起きていたことです。

大手建設会社に勤めるエリートサラリーマン・野々宮良多(福山雅治)は、手にしてきたものは自分の才能と努力で勝ち取ってきたと自負しています。彼は都心の高層高級マンションに妻・みどり(尾野真千子)と息子・慶多(二宮慶多)と暮らしています。

慶多の小学校受験が近づいた11月のある日、みどりが慶多を産んだ地元の群馬県の病院から連絡がきて、慶多は取り違えられた他人の子どもだったと告げられます。

野々宮良多とみどりは、取り違えられた本当の息子を育ててきた夫婦、斎木雄大(リリー・フランキー)とゆかり(真木よう子)に会います。野々宮良多は自分が理想と信じている暮らしとは全く違う暮らしをしている斎木家と距離を置きます。

野々宮家と斎木家は何度かお互いの子どもたちを行き来させたあと、子どもたちを交換します。野々宮良多は本当の息子の斎木琉晴(黄升炫)と過ごしながら、血のつながりとは何か、家族とは何かを次第に見つめ直すことになります。

対照的な野々宮家と斎木家の衣裳 ☛ A

取り違えがなければ、野々宮家と斎木家は出会うことがなかった対照的な家族です。着ている衣裳も対照的で、野々宮家はシンプルなモノトーン系の高そうな衣裳で統一されていて、斎木家はチェック系の柄物で統一感のない安そうな衣裳です。

野々宮家と斎木家が弁護士や病院関係者を介さずに、互いの家族だけでショッピングモールで会う2つのシーン(22分51秒〜と51分12秒〜)や、彼らが河原でキャンプをしたシーンで記念写真を撮るときのショット(84分30秒〜)で衣裳の違いが分かります。

病院の応接室で2つの家族にできる明暗 ☛ B

照明の当て方を変えることでも、2つの家族を対照的に見せることをしています。野々宮涼太とみどり、斎木雄大とゆかりの4人が、病院関係者を交えて病院の応接室で初めて会うシーン(15分55秒〜)です。

このシーンでは窓から入ってくる外光を光源にした照明を使っています。テーブルを挟んで、窓側には野々宮家、扉側には斎木家が向かい合わせで座ります。野々宮家側には背後から光が当たるので、彼らの顔は暗めになっています。斎木家側には正面から光が当たるので、彼らの顔は明るくなっています。

A　対照的な野宮家と斎木家の衣裳

ショッピングモールでの衣裳　斎木雄大はチェック系の柄物(左)　野々宮良多はシンプルなモノトーン系(右)。

同じくショッピングモールでの衣裳　斎木ゆかりはチェック系の柄物(左)、野々宮みどりはシンプルなモノトーン系(右)。

野々宮家、斎木家への照明の違い ☞ B

　このシーンで照明の当て方で両家に明暗を作っている理由はいくつか考えられます。野々宮良多とみどりの顔を暗くするのは、彼らの深刻な気持ち、斎木家との初対面の緊張感を、映像からも感じとりやすくするためと考えられます。

　斎木雄大とゆかりの顔を明るくするのは、斎木家はこのシーンで初めて登場するので、彼らの顔を明るくして覚えやすくするためと思われます。また斎木雄大とゆかりは、黒系の衣裳を着ていて、野々宮良多や病院関係者と色味が似ているので、見え方の印象を変えるためと考えられます。

ファミリーレストランで会うシーンの照明と衣裳の変化 ☞ C

　野々宮家と斎木家が病院関係者と弁護士を交えてファミリーレストランで会うシーン（29分48秒〜）では、席の配置は病院の応接室のシーンと同じで、野々宮家は窓側、斎木家は入り口側に座っています。

　照明の光源も同じで、窓からの外光が光源になります。野々宮家の2人には照明を左右から挟み込むように当てることで、病院の応接室のシーンのように顔を暗くしていません。照明の当たり方の変化に加えて、野々宮家と斎木家が普段着を着ていることもあり、初対面のときの緊張感を感じさせません。

B　病院の応接室で野々宮家と斎木家の2つの家族にできる明暗

1　窓側の野々宮家の2人の顔は暗く、緊張しているのが感じられる。

2　扉側の斎木家の2人の顔は明るく、初めて登場する彼らの顔を覚えやすくする。

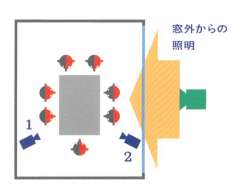

C　ファミリーレストランで会うシーンの照明と衣裳の変化

1

2　野々宮家の2人は、初対面のときより顔が暗くないことと、両家が普段着を着ていることで、初対面のときの緊張感はなくなっている。

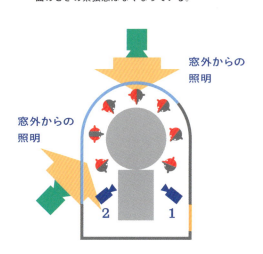

D 野々宮家と斎木家の家から見える経済力の差

斎木家の倉庫のような店舗。

野々宮家のモデルハウスのようなインテリア。

野々宮家と斎木家の家から見える経済力の差 ☞D

　本当の子どもたちを、初めてお互いの家に泊めるシークエンス（35分35秒〜）では、野々宮家と斎木家の経済力の差は住んでいる家からも描かれます。野々宮家が住む高層高級マンションは生活臭が少なく、モデルハウスのようなインテリアなのに対して、斎木家は古くてみすぼらしい倉庫のような店舗（電器屋）兼住宅です。

野々宮家と斎木家の夕食の献立 ☞E

　夕食のシークエンス（37分31秒〜）では、最初に斎木家の様子が描かれたあと、次に野々宮家の様子が描かれます。それぞれの家の最初のショットで映る、夕食の献立からも両家の経済力の差が分かります。
　斎木家の献立は斎木ゆかりの手作り餃子で、最初のショット（37分31秒〜）はゆかりが食卓に餃子を持ってくるのを家族が手拍子で迎えて食べ始めるグループショットです。野々宮家の献立は牛肉のすき焼きで、最初のショット（38分3秒〜）は卓上コンロで焼かれる高そうな牛肉のアップです。

E 野々宮家と斎木家の夕食の献立

斎木家の最初のショット、ゆかりが餃子を持ってくるのを家族が拍手で迎える。

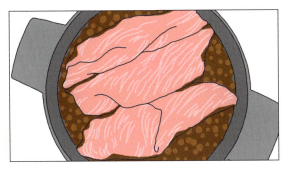

野々宮家の最初のショット、高そうな牛肉が焼かれている。

F　夕食のシークエンスで聞こえる音

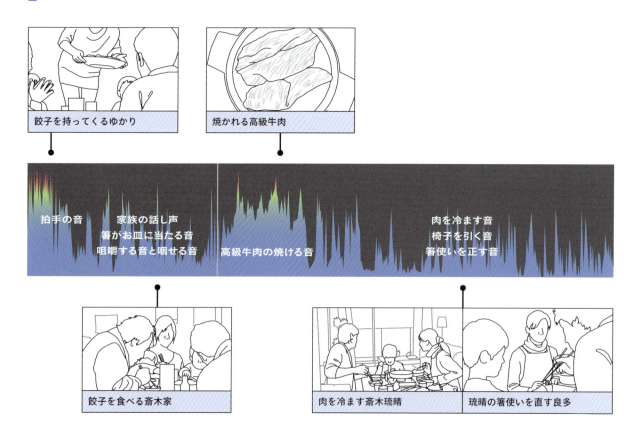

映画の音の調整

　私たちが映画を観ているときに聞いている音は、録音のスタッフが演出意図を持って、音の聞こえ方の強弱を調整して、あとから音を足したり消したりしています。
　『そして父になる』では斎木家と野々宮家の違いが感じられる音を、聞きやすい音の大きさに調整することで、両家の違いが音からも強調されています。

夕食のシークエンスで最初に聞こえる音　☞ F

　夕食のシークエンスでは斎木家と野々宮家、どちらの家族も最初に聞こえる音を一番大きく聞こえるようにして、音質を対照的にすることで両家の違いが描かれています。
　斎木家で最初に聞こえてくる手拍子の音は音質が柔かく、斎木家が飾らない普段通りの日常生活を送っていることを感じさせます。野々宮家で最初に聞こえてくる肉の焼ける音は音質が甲高く、野々宮家が初めて実の子どもを迎えて緊張しているのが感じられます。

斎木家の温もりを感じさせる音　☞ F

　このあとも夕食のシークエンスでは、斎木家と野々宮家の違いは音の聞こえ方の違いからも演出されています。
　斎木家で聞こえるのは、家族6人の話し声、箸がお皿に当たる音、咀嚼する音、咽せる音などです。これらの音を重ねて聞かせることで、斎木家の夕食のシーンが持つ温もりのある賑やかさが伝わってきます。

野々宮家のぎこちなさを感じさせる音　☞ F

　野々宮家で聞こえるのは、熱い肉を息で冷ます音、椅子を引くときの音、野々宮良多が斎木琉晴の箸使いを正すときの音などです。
　これらの音は本来小さな音ですが、話し声と同じぐらいの大きさの音で聞こえるように調整されています。小さな音が大きな音で聞こえることで、野々宮家の夕食のシーンに漂うぎこちない雰囲気が伝わってきます。

柔らかい音質と甲高い音質 ☞G

両家の初めてのお泊りの結果を描く翌日の昼のシークエンスでも、前日の夕飯のシークエンスと同じように、柔らかい音質と甲高い音質を同じ大きさの音で聞かせることで、2つの家族の対照的な姿が描かれます。

斎木家の笑い声 ☞G

斎木家側の昼のシーンの最後は、斎木雄大が壊れたRCカーを修理したあと、電器屋の店内で雄大を中心に皆が集まって試走をさせるショット（41分29秒～）です。

走り出したRCカーを斎木家の末っ子が追うのを見て、雄大が笑い出すと全員が笑い出します。柔らかい音質の笑い声は、野々宮慶多が斎木家に溶け込んだことを見せます。

野々宮家の甲高いおもちゃの音 ☞G

次の野々宮家のシーンでは、野々宮みどりと斎木琉晴だけが部屋にいます。みどりは琉晴から少し離れてソファーに座って編み物をしています。琉晴は木のボールを落とすと、キンコンと甲高い音を立てて転がっていく木製のおもちゃで遊んでいます。

静かな部屋にこだまする甲高い音質の木製おもちゃの音からも、野々宮家では斎木琉晴のお泊まりが上手くいかなかったことが分かります。

G　柔らかい音質と甲高い音質

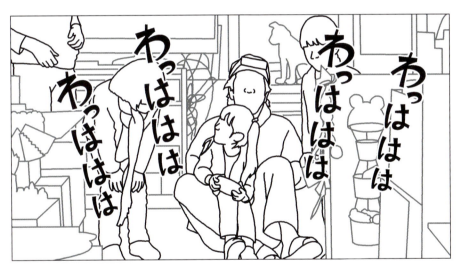

斎木家の柔らかい音質の笑い声は、慶多が斎木家に溶け込んだことを見せる。

野々宮家は甲高い音質の木製のおもちゃの音からも、琉晴のお泊まりが上手くいかなかったことが分かる。

斎木家のおおらかさを感じさせる光 ☞H

この翌日のシークエンスでは、野々宮家も斎木家も外光を光源にした照明が使われています。

斎木家側の雄大が子どもたちとRCカーを走らせるショットでは、正面から照明を当てています。明いトーンの映像は、斎木雄大はつかみどころがないけれども、おおらかで包みこむような暖かさを持っている人柄を感じさせます。

野々宮家の息苦しさを感じさせる光 ☞H

野々宮家側の野々宮ゆかりと斎木琉晴を映す窓向けのショットは自然光を逆光で使う照明です。2人の姿をシルエットで見せて、実の母子が初めて一夜を過ごしたあととは思えない暗いトーンの映像です。この暗いトーンの映像は、野々宮みどりが夫の良多に思ったことを言えないでいる、息苦しさや気詰まりも感じられます。

映像と音で表現される良多と慶太の心の距離 ☞I

『そして父になる』の終盤で、野々宮良多は斎木家で暮らしている慶太に会いに行きます。慶太が逃げるように斎木家から走り去るのを良多は追いかけます。良多と慶多が行き着くのは、植込みで二又に分かれている川沿いの道です。良多は川に近い遊歩道側、慶太は反対側の車道側を歩きます。

この川沿いの道のシーン（112分54秒〜）で良多は慶

H　斎木家のおおらかさを感じる光と野々村家の息苦しさを感じる光

順光が使われている斎木家

1　明るいトーンの映像は、斎木家のおおらかさを感じさせる。

逆光が使われている野々宮家

2　暗いトーンの映像は、野々宮家の息苦しさを感じさせる。

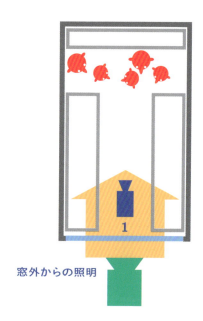

窓外からの照明

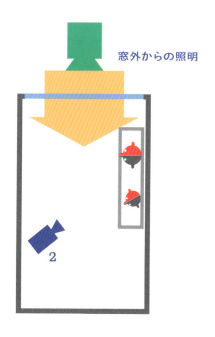

窓外からの照明

太に対して、初めて自分の胸のうちの思いを伝えようとします。良多と慶太を交互に映すカットバックでは、良多向けは正面からのショットで、慶太に懸命に話しかける良多を映します。慶太向けは斜め後ろからのショットで、慶太が良多を拒んでいることを映します。

良多と慶太のカットバックで変わる音 ☞Ⅰ

この川沿いの道のシーンでも音が大切な役割をしています。良多と慶太のカットバックで、良多向けのショットは川のせせらぎの音を大きく聞かせて、慶太向けのショットでは川のせせらぎの音は小さくして、鳥の声など他の音を聞かせています。

ショットが変わるたびに聞こえる音が変わることで、植込みを隔てて歩いている2人は、物理的な距離は近いのですが心の距離は離れているのを感じさせます。

混じり合う音で表現されること ☞Ⅰ

このシーンの最後のショット（114分48秒〜）は引き画になります。植込みが終わって、二又になっていた道は合流をします。良多はひざをついて慶太を抱きしめて、言葉にできない思いを伝えようとします。

カットバックでバラバラだった音はバランス良く混じり合い、風で揺れる木の葉の音が加わることで心地よい音へ変わります。慶太が良多の気持ちを受け入れたことは、音の聞こえ方からも表現されています。

Ⅰ　映像と音で表現される良多と慶太の心の距離

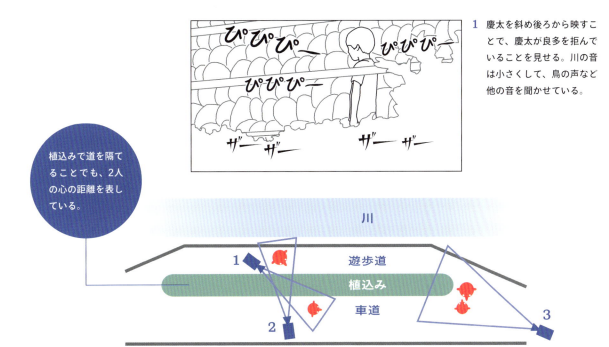

1　慶太を斜め後ろから映すことで、慶太が良多を拒んでいることを見せる。川の音は小さくして、鳥の声など他の音を聞かせている。

植込みで道を隔てることでも、2人の心の距離を表している。

2　良多の顔を正面から映すことで、慶太に懸命に話しかけている様を見せる。川の音は大きく聞かせている。

3　慶太が良多の気持ちを受け入れたことは、バラバラだった音が混ざり合ったことからも表現される。

参考資料：『そして父になる』Blu-rayと特典／「そして父になる」【映画ノベライズ】（是枝裕和 佐野晶 作）／『そして父になる』パンフレット　協力：高木創

CASE
02

主人公の心情を可視化するヘアメイク

『紙の月』
監督 吉田大八

原作：角田光代　脚本：早船歌江子　出演：宮沢りえ　池松壮亮　大島優子　田辺誠一　近藤芳正　石橋蓮司　小林聡美
撮影：シグマコト　照明：西尾慶太　美術：安宅紀史　装飾：山本直輝　編集：佐藤崇　録音：加来昭彦　整音：矢野正人　音響効果：伊藤瑞樹
特機：石井誠司　DIT：櫻井隆行　衣裳デザイン：小川久美子　スタイリスト：坂上秀平　ヘアメイク：千葉友子（宮沢りえ）　外丸愛
VFXプロデューサー：谷内正樹　カラーグレーディング：伊藤祐二　キャスティングディレクター：杉野剛　スクリプター：田口良子
助監督：甲斐聖太郎　制作担当：加藤誠　音楽プロデューサー：緑川徹　音楽：little moa　小野雄紀　山口龍夫
主題歌：ヴェルヴェット・アンダーグラウンド・アンド・ニコ「Femme Fatale」　タイトル：津田輝王　関口里織　製作総指揮：大角正
製作代表：秋元一孝　水口昌彦　加太孝明　宮田昌紀　山本浩　宮田謙一　矢内廣　高橋誠　エグゼクティブプロデューサー：高橋敏弘　安藤親広
プロデューサー：池田史嗣　石田聡子　明石直弓　ラインプロデューサー：原田耕治　『紙の月』製作委員会（松竹　ポニーキャニオン　ロボット
アスミック・エース　博報堂　ぴあ　KDDI）　企画・製作：松竹　ROBOT　制作プロダクション：ROBOT　配給：松竹　上映時間：126分
製作年：2014年　アスペクト比：2.39:1

『紙の月』(吉田大八／14)はバブル経済崩壊直後の1994年、神奈川県横浜近郊の街を主な舞台にしたサスペンス映画です。梅澤梨花(宮沢りえ)は夫の正文(田辺誠一)と一戸建ての家に住み、わかば銀行・月読支店の渉外係として働く契約社員です。銀行では真面目な仕事ぶりが評価されている梨花ですが、家庭では自分への関心が薄く無神経な正文に不満を感じつつありました。

梨花は大口顧客・平林孝三(石橋蓮司)の孫で大学生・平林光太(池松壮亮)との不倫を引き金にして、顧客からお金の横領を始めます。梨花は最初は慎重に横領していましたが、お金を湯水のように使うようになるとともに、横領の手口も大胆になり、横領する金額も増えていきます。

物語の進行とともに、梨花は破滅への道を進みますが、梨花の破滅で映画は終わりません。梨花が社会のルールを超えて暴走をし続ける姿に、最後は清々しさを感じることになります。宮沢りえさんが難しい役柄の梨花を演じたことで、梨花の存在感に強い説得力を与えたことは、『紙の月』を観た人なら異論のないところだと思います。

『紙の月』の見どころ

『紙の月』の大きな見どころは物語が進むにつれて、梨花の外見が変化をしていくことです。美しいけれど少しやつれて存在感の希薄な女性から、華やかで存在感のある美しい女性へとなっていきます。

梨花の変化を表現するために、映像、美術などさまざまな面から、『紙の月』は丁寧に作られていますが、梨花の髪型を変えることからも表現されています。

梨花の髪型の変化は、言葉にされない彼女の内面を観客が察することを助け続けます。

梨花と光太の再会のシークエンス

梨花の髪型の変化が始まるのは、梨花が同僚の今井(伊勢志摩)の送別会に出席したあと、地下鉄の駅の改札口でのちに不倫相手になる光太と偶然再会する2分半ほどのシークエンス(14分30秒～)です。

梨花と光太は改札口で一旦別れますが、思い直した光太は梨花を追って、梨花と同じ地下鉄に乗ります。光太が地下鉄に乗ってきたことに、梨花は気がつき、2人は互いに相手の顔を盗み見ます。

梨花が地下鉄を降りると、彼女の背後で光太も地下鉄を降ります。ホームを歩く梨花に、光太は声をかけることができず地下鉄に乗って去ります。

再会するシークエンスの前の梨花の髪型 ☞ A

この再会のシークエンスの前までは、梨花は前髪を瞼の上まで下ろして、眉毛を見せない髪型にしています。例外は自転車に乗っているとき、風で前髪がめくれ上がるときです。

前髪に分け目を作って眉毛を初めて見せるのが、梨花と光太が地下鉄の駅の改札口で出会う直前、梨花が夜の街の中を歩いているときです。彼女にこれから起きる変化をそれとなく暗示しています。

眉毛を見せる効果と見せない効果

眉毛を見せるか見せないかで、顔の印象は大きく変化します。眉毛を見せないと顔は少し小顔に見えます。眉毛を見せると目が大きく見えて、おでこが見えるので肌の面積が増えて、顔が少し大きく見えます。

眉毛を見せないとミステリアスにも見えますが、その人が何を考えているのかを読み取りづらくすることもあります。眉毛の持つ効果で興味深いのが、平安時代に貴族が眉毛を抜いて、代わりに額の上の方に眉毛を描いていた習慣です。眉毛を抜くことは、感情を表出することを禁じられた人々であるという解釈もあります。

A　再会するシークエンスの前の梨花の髪型

梨花の髪型は最初、前髪を瞼の上まで下ろして眉毛を見せていない。眉毛を見せないことで、自分の意志を見せていない印象を与える。

梨花が光太と駅で会う直前、夜の街の中を歩く梨花。初めて前髪の分け目から眉毛を見せて、これから先に起こることを暗示している。

B　眉毛から見える梨花の意志／前髪をかき分ける風

梨花の前髪を電車風がかき分けて眉毛を見せることで、自分の意志を見せ始めた印象を与えている。梨花がくっきりとした眉毛をしていることが、この印象を強めている。

眉毛から見える梨花の意志　☛ B

　この再会のシークエンスの終わり、光太が乗る地下鉄が走り去るのを、梨花は振り返って見送ります。電車がホームを通り過ぎるときに吹く電車風は、梨花の前髪をかき分けて眉毛をはっきりと見せます。

　梨花の眉毛を見せることは、自分の意志をはっきりさせてこなかった彼女が、自分の意志を見せ始めた印象を与えます。梨花がくっきりとした眉毛をしていることで、この印象はより強められています。

見られる楽しさを知った梨花　☛ B

　梨花の眉毛を見せるショットではスローモーションを使っています。カメラはゆっくりと梨花に近づいていき、最後にはアップで梨花の顔を映します。スローモーションは梨花の表情をつぶさに捉え、風に揺れる梨花の前髪と背景に走る地下鉄は、映像に動感を与えています。

　映像の動感は眉毛の効果と併せて、夫から見られることのない梨花が、光太により見られることの楽しさを知ったことが表現されます。

梨花の前髪をかき分ける風　☛ B

　梨花の前髪をかき分ける風は、撮影用の扇風機を使って作った風です。自然に吹く風に任せては、演出にあった良いタイミングで風が当たることは滅多にありません。スタッフが芝居を見て、良いタイミングで梨花の髪に風を当てたことでこの演出効果が生まれています。

駅で再び再会をする梨花と光太

　梨花が駅の改札口で光太と偶然再会したシーンのあと、いくつかのシーンを間に挟んで、駅のホームで2人が再び再会をするシーン（21分18秒～）になります。今度は梨花は自分から光太へ近づいていき、2人はラブホテルで身体の関係を持ち、梨花の不倫が始まります。

梨花の化粧品の衝動買い

　2回目の再会で、梨花がなぜ自分から光太へ近づく選択をしたのかが分かるのが、2つの再会のシーンの間にある、梨花が外回りの帰りに立ち寄ったショッピングセンターの化粧品売り場で、化粧品を4万円近く衝動買いするシーン（19分～）です。

　このシーンは梨花がのちのち横領するようになることを暗示する重要なシーンですが、ここでは梨花が買う化粧品のブランドになぜCLINIQUEが選ばれているのかを考えます。

小道具にCLINIQUEを選ぶ理由

　CLINIQUEは基礎化粧品に強い実在するブランドです。うわべを簡単に綺麗にする化粧品ではなく、地道なスキ

C　色味に対する目の感覚のコントロール

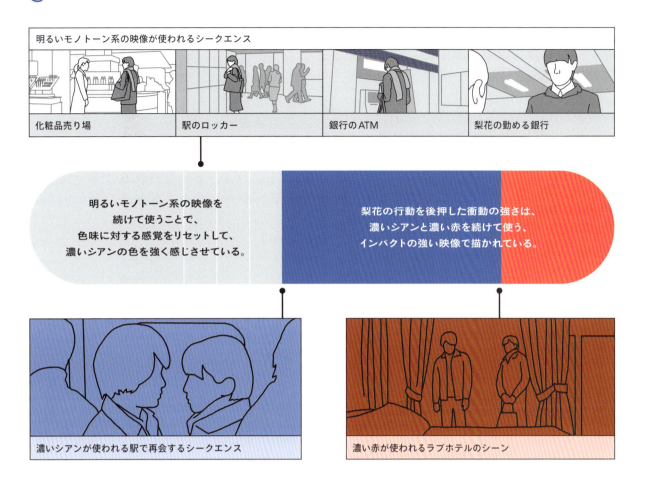

ンケアが必要な基礎化粧品を衝動買いをしたことに、梨花が見られることを求めている気持ちの真剣さが伝わります。梨花は化粧品を衝動買いする動機となった光太が再び現れたことで、光太から見られることを望んで、自分から近づく選択をしたと考えられます。

梨花の衝動を描くカラフルな映像　☞ C

梨花と光太が駅で再会するシーンは、2回とも映像の色味はシアン系ですが、2回目の再会ではシアンの色味を濃くしています。

2回目の再会のあとに2人が行くラブホテルでは、濃いシアンとは対照的な色味の濃い赤を使います。インパクトの強いカラフルな映像を続けて見せることで、梨花の行動を後押しした衝動の強さを描きます。

目の色味に対する感覚のコントロール　☞ C

2回目の再会のシーンで使われる、濃いめのシアンの色味をより強く感じ取れるようにしているのが、2回目の再会の前にある4つのシーン（化粧品売り場・駅のロッカー・銀行のATM・梨花の勤める銀行）です。

4つのシーンは明るめな映像でモノトーン系の色味を続けて使っています。色味に対する目の感覚を一旦ニュートラルな状態にすることで、2回目の再会でのシアンの色味の濃さをより強く感じやすくしています。

カラフルとモノトーンで描き分ける映像

『紙の月』では、映像の色味を強くするカラフルな映像と、色味を少なくするモノトーン系の映像を使って、梨花の非日常と日常を描き分けています。

非日常を描くカラフルな映像は、梨花と光太が不倫をしているシチュエーションで使われています。梨花が光太と住むために購入したマンションの室内などはその例になります。日常を描くモノトーン系の映像が一番多く活かされているのは、梨花が勤める銀行になります。

どちらでもないシチュエーションになる、梨花の自宅や梨花の顧客の家などでは、全体の色味を抑えめにしたアンバー系の映像を使うことを多くしています。

スイートルームでの梨花の髪型の変化

梨花と光太の不倫が一番の盛り上がりを見せるのが、梨花が大口顧客の1人から横領をした300万円を使って、ホテルのスイートルームで3日間豪遊する、4分半ほどのシークエンス（61分〜）です。

短い時間の中で、梨花の髪型はシチュエーションに合わせて変わります。眉毛と耳を見せるか見せないかなどの工夫で、4種類の髪型に分けることができます。

エレガントな雰囲気の梨花　☞ D

最初は梨花が、ホテルのロビーで光太を待っているときの髪型です。モノトーンの上下を着た梨花は、リボンのついた白いつば広の帽子を被っています。髪の毛を帽子の中に収めたことで、梨花は顔のラインがすっきりと出て、眉毛ははっきりと見せています。エレガントな雰囲気の梨花からは、光太と過ごす日々を待ち望んでいたことが窺えます。

梨花の顔に丸みを増す髪型　☞ E

梨花と光太がスイートルームではしゃいでいるときに、梨花の髪型が変わります。梨花の被っている帽子が外れて、それまでは耳の後ろにかけていた髪の毛が耳を覆って、髪のボリュームが増して見えます。

面長な梨花の顔に丸みが増すことで華やかな美しさになります。このシークエンス以降多くのシーンで、梨花

D　エレガントな雰囲気の梨花

帽子の中に髪を収めて、顔のラインをすっきりと出して、眉毛ははっきりと見せることで、梨花をエレガントに見せている。この雰囲気は梨花が着ているモノトーンの上下からも醸し出されている。

E　梨花の顔に丸みを増す髪型

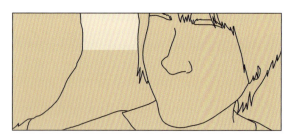

耳の後ろにかけていた髪が耳を覆って、髪のボリュームが増すことで、梨花の顔に丸みが増して華やかさな美しさになる。

F　元気で活発な印象を与えるオールバック

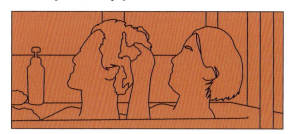

オールバックにした梨花の髪型は、スイートルームで過ごす非日常を満喫していることを感じさせる。

はこの髪型になります。

元気で活発な印象を与えるオールバック ☞ F

梨花と光太が一緒にお風呂に入っているシークエンスでは、梨花の髪型を眉毛と耳とおでこをはっきりと見せるオールバックにしています。この髪型にすることで、梨花に元気で活発な印象を与えて、スイートルームで過ごす非日常を満喫していることが描かれます。

眉毛を隠した髪型へ戻す理由 ☞ G

スイートルームでの最終日の早朝、梨花が1人でリビングに座っているときです。梨花は3日間で考えられる限りの贅沢をした後とは思えない、浮かない表情をしています。眉毛を隠して耳を見せる髪型に戻したことからも、梨花が何か満たされない空虚な気持ちでいることを窺わせます。

梨花が素に戻ったことを見せる仕草 ☞ H

このシチュエーションの最後は、梨花がホテルのレセプションで支払いをするときです。150万円近くのお金を使ったことに驚いて、梨花が左耳にかかっていた髪の毛を耳の後ろにかき上げます。耳を出す髪型になることで、梨花が素に戻っていることを感じさせます。

G 眉毛を隠した髪型へ戻す理由

眉毛を隠して耳を見せる髪型に戻すことで、梨花が満たされない空虚な気持ちであることを見せる。

H 梨花が素に戻ったことを見せる仕草

梨花が髪をかき上げて耳を出す髪型になることで、支払いの金額に驚いた梨花が素に戻ったことを感じさせる。

威圧感と緊張感を狙った銀行のデザイン

梨花の勤めるあおば銀行月読支店は、茨城県水戸市にある旧銀行の建物の中に作られたセットです。この銀行のセットは、梨花が少女時代を過ごしたカトリック系の高校と重なるような威圧感と緊張感を狙ったデザインになっています。

白をベースにして、銀行員たちが座るデスクの周りには、銀のラインが走る大理石調の柱、背後は幾何学的な装飾をした濃いグレーの壁面があることが特徴です。この濃いグレーの壁の装飾には、十字架のようなデザインも忍ばされています。

実際の銀行も白をベースにしていますが、アクセントで緑や青に橙、もしくは木を使ったデザインが多く見られます。明るめの配色とデザインは来店者に対して威圧感を与えないことが目的です。

来客者側に黒や濃いグレーを使っている例はありますが、『紙の月』で行員側に黒や濃いグレー使うセットは異質なデザインと言えます。『紙の月』では途中からこの異質なデザインが効果的に使われています。

濃いグレーの壁を避けるカメラ位置　☞I

銀行のデザインの中で特に目立つ濃いグレーの壁は、途中までは目立たせないようにしています。初めて銀行のセットが映るシーンで、後方事務員の隅より子（小林聡美）が梨花の書類を処理するのを映すショット（8分23秒〜）のように、カメラは背景に濃いグレーの壁を映すのを避けて、横にある白い壁を背景にしています。

濃いグレーの壁を避ける梨花のデスク　☞I

梨花のデスクは、濃いグレーの壁のそばにあるので、白い壁が背景になる向きにデスクを置いて、濃いグレーの壁を背景に入りづらくしています。梨花に同僚の今井が話しかけるのを、正面から映す引き画のショット（7分4秒〜）でも濃いグレーの壁は背景になっていません。

濃いグレーの壁を目立たなくする照明　☞I

窓口係の相川恵子（大島優子）が、隅より子に仕事のミスを叱られるのを映す横向きのショット（8分6秒〜）では、背景が濃いグレーの壁になっています。

このショットのように濃いグレーの壁がやむを得ず、登場人物の背景になるときには、濃いグレーの壁に照明を当てて明るいグレーにして、映像では目立たせないようにしています。

I　濃いグレーの壁を目立たせないカメラ位置と照明

1　隅と梨花を映すショットは、奥の面の濃いグレーの壁を映すのを避けて、横の面の白い壁を背景にしている。

2　梨花の座るデスクは横の面の白い壁が背景になるようにしている。

3　相川が隅に叱られるショットは、濃いグレーの壁に照明を当てて、映像では薄いグレーに見えるようにしている。

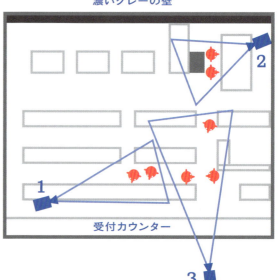

人物の配置とカメラの位置、照明の工夫により、濃いグレーの壁は使いどころのシーンがくる前までは、観客に意識されることはありません。

濃いグレーの壁が効果的に使われるショット
☞ J

　濃いグレーの壁が初めて効果的に使われるのは、梨花が初めて横領するシークエンスの中で、梨花が顧客から預かった定期預金200万円を横領するために、窓口係の相川恵子に嘘をつく引き画のショット（40分19秒〜）です。

　梨花と鮎川の背景には濃いグレーの壁が目立つように映されて、ここまでのシーンにはない明暗差のあるコントラストを映像に作ります。このあと重要書類保管庫で、梨花が定期預金の預り証書をブラウスに忍ばせるシーン（41分13秒〜）では、映像はさらに暗くなります。暗くなった映像のトーンは、観客に不安感を与えて梨花の行動にハラハラとさせられます。

J 　濃いグレーの壁が効果的に使われるショット

梨花が横領するとき、背景に濃いグレーの壁を目立つように映して、映像のトーンを変えることからも緊張感が演出される。

梨花が重要書類保管庫で定期預金の預り証書をブラウスに忍ばせるとき、映像をこれまでと異なる暗い雰囲気にすることでハラハラさせる。

濃いグレーの壁をさらに暗くする効果 ☛ K

濃いグレーの壁がふたたび効果的に使われるのが、梨花が定期預金証書を偽造するため、未使用の定期預金証書を盗むシーン（66分45秒〜）です。

梨花の横領が大胆になるのを見せるこのシーンでは、濃いグレーの壁を背景にして歩く梨花を、カメラが横に移動をしながらスローモーションで捉える、印象的な引き画のショット（67分〜）があります。

このショットでは、濃いグレーの壁へ当てる照明を、梨花が初めて横領をするときよりも弱くして、より暗く濃いグレーに変えています。映像のコントラストをさらに強くすることで、大胆さが増していく梨花の横領を、ピカレスクロマンに登場する主役のように格好よく見せます。

濃いグレーの壁が最も暗くなるショット ☛ L

濃いグレーの壁が最も暗くなるのが、梨花の横領に気

K 濃いグレーの壁をさらに暗くする効果

梨花の横領が大胆になっていくのは、濃いグレーの壁に当てる照明を弱くして、より濃いグレーに見せることでも描かれる。

L 濃いグレーの壁が最も暗くなるショット

ベテラン行員の隅が上司の井上に梨花の横領を報告をしているショット。終業後の銀行でほとんどの照明は消されている。もっとも暗くなった濃いグレーの壁は映像に圧迫感を生み出して梨花の破滅を予感させる。

づいたベテラン行員の隅より子が、上司の井上（近藤芳正）に報告をしているシーンです。

終業後の銀行に2人だけが残っている引き画のショット（78分39秒〜）では、2人の周りの照明を消しています。『紙の月』の中で、濃いグレーの壁を一番暗く見せるこのショットは、映像に圧迫感を生み出して、梨花が破滅へ向うことを予感させます。

横領を平然とする梨花

梨花が横領を平然とするようになり、彼女の倫理観が麻痺してきていることを描くのが、資産家の小山内家を訪れる2つのシーンです。

梨花が小山内夫婦の家の居間で、積立貯金の相談を受けるシーン（66分19秒〜）と、梨花が自宅で偽造証書を作ったあと、再び小山内夫婦の家を訪れて、偽造証書に判子を押させるシーン（68分3秒〜）になります。

梨花の倫理観の麻痺を描く照明 ☞ M

この小山内家のシーンでは、どちらのシーンも笑顔で話す梨花の顔をアップで映すショットがありますが、梨花の顔の明るさが変わります。

1度目の訪問では、梨花の顔に自然な明るさの照明を当てて、2度目の訪問では、梨花の顔に当てる照明を弱くしています。笑顔で話す梨花の顔を暗くすることで、梨花の倫理観が麻痺しているのが描かれます。

また梨花の背景では庭の草木に光が当たって、キラキラと明るく輝いています。この輝きが梨花の顔の暗さを一層強調しています。

M 梨花の倫理観の麻痺を描く照明

1度目の訪問、笑顔で話す梨花の顔は自然な明るさの照明が当てられている。

2度目の訪問、笑顔で話す梨花の顔を暗くして、梨花の倫理観が麻痺しているのが描かれる。

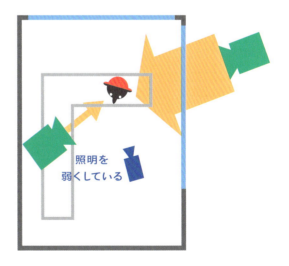

N ボケの症状に合わせた通販商品の飾り変え（グレーが通販商品）

名護の部屋の最初のシーン、通販商品で溢れているが整理はされている。

名護の部屋の2回目のシーン、通販商品が部屋に散らかっていることで名護がボケてきていることがわかる。

名護の部屋の3回目のシーン、部屋中に大量の通販商品が積み上げられていることからも、名護のボケが深刻なことがわかる。

O 梨花の散らかり放題の自宅

名護の部屋よりも酷い梨花の自宅。梨花は自分の心の状態が、名護のボケよりも酷いことを自覚する。

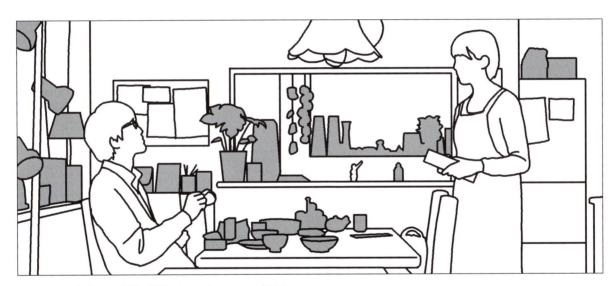

映画の冒頭、片付いていた頃の梨花の自宅。上のシーンと同方向。

ボケの症状に合わせた通販商品の飾り変え ☞ N

梨花の横領の被害者の1人、名護たまえ（中原ひとみ）は登場する3つのシーンの中で、物事を判断できない状態、ボケの症状が徐々に進んでいきます。名護のボケの症状の進行は、名護の部屋に置かれた通販で買った商品を飾り変えられることからも描かれます。

最初のシーン（17分37秒〜）では名護の部屋は、通販商品で溢れてますが整理はされています。次のシーン（58分42秒〜）は、部屋を整理できなくなって通販商品が散らかっていることから、名護がボケてきているのが分かります。最後のシーン（84分45秒〜）は、親族がお手伝いさんに頼んで、部屋を片付けているようですが、大量の通販商品が部屋中に積み上げられて、名護のボケの症状が深刻になっていることが分かります。

梨花の散らかり放題の自宅 ☞ O

梨花はボケが進む名護を、だんだんと冷ややかな目で見るようになっていきます。名護が最後に登場したシーンのあと、いくつかのシーンを挟んで、梨花が自分の家に戻るシーン（90分22秒〜）になります。

梨花の自宅は散らかり放題で、名護の部屋よりも酷い状態になっています。梨花は自分の心の状態が、名護のボケよりもおかしいことを自覚するのが、台詞ではなく映像で描かれます。

物語のシチュエーションに合わせて動くカメラ

『紙の月』はシチュエーション（不倫・横領・破滅）に合わせてカメラを動かしています。ここでは不倫と破滅で、どのようにカメラの動かし方を変えているのかを取り上げます。

オープニングで高校生時代の梨花を描くシーンではカメラは動いていますが、舞台が現代になってからはしばらく動きません。

光太との逢瀬を楽しむのに合わせて動くカメラ
☞P

現在になってからカメラが動き出すのが、駅の改札口で梨花が光太が1度目に再会をするシークエンスで、地下鉄から降りた梨花を光太がつけてくるショット（16分21秒〜）です。

このあとカメラは、梨花が光太との逢瀬を楽しむのに合わせて動きます。梨花と光太が再び駅のホームで再会するシーン、ラブホテルで逢瀬を重ねるシーン、イルミネーションが灯る夜の街を2人が手をつないで歩くシーン（29分14秒〜）などになります。

さまざまな撮影機材で表現される2人の豪遊

カメラを移動車に載せて動かすなど、オーソドックスな撮影方法から大きく変わるのが、梨花のヘアメイクについての項目でも触れた、梨花と光太がホテルのスイートルームで豪遊するシークエンス（61分〜）です。

梨花と光太が羽目を外して楽しむ姿を、カメラは手持ち撮影に加えて、ここまでのシーンで使っていなかった撮影機材（特機）を使って撮影しています。手持ち撮影のようにカメラを動かしながら手ブレをしないステディカム、小型クレーン、レンズの画角をショットの途中で変えられるズームレンズなどです。これらの撮影機材を使って映した映像は、2人が盛り上がっていることを描きます。

スイートルームでのシークエンスが終わって、梨花と光太の関係が徐々に冷めていくのに合わせて、カメラも2人が一緒にいるシーンでは動かなくなります。

P　光太との逢瀬を楽しむのに合わせて動くカメラ

1　梨花の背後で光太が地下鉄を降りてつけてくるとき、カメラを動かすことで梨花がこのシチュエーションを楽しんでいることを映像からも見せる。

2　光太が乗った地下鉄に視線を送る梨花。

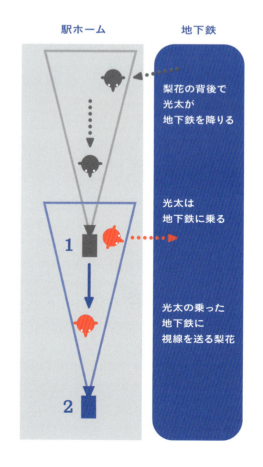

追い詰められる梨花を表現するトラックアップ ☞Q

物語の後半でカメラが動くのは、横領が発覚して梨花が破滅していくシークエンスになります。

最初にカメラが動くのが、銀行の会議室で上司の井上佑司から横領したのかどうか、梨花が問いただされているシーンの最初のショット（80分12秒～）です。

広い引き画から梨花と井上に向かって、カメラはゆっくりとトラックアップで近づくことで、梨花の周りが狭まっていき、梨花が追い詰められていくことが表現されます。またこのショットでは牢屋の鉄格子を想起させる、白い壁にいく筋も並ぶ縦の影のラインが照明で作られて、梨花の危機を映像からも演出しています。

繰り返し使われるトラックアップ

このあともカメラは、梨花の置かれた状況を描くショットでトラックアップを繰り返します。梨花が隅とランチをするシーンの最初のショット（95分43秒～）、お金に困った梨花が電話ボックスからサラ金に電話をかける（88分20秒～）、隅が梨花の横領を調査しているショット（102分12秒～）になります。

梨花と光太の関係の終わり

梨花が追い詰められていく渦中で、梨花と光太の関係が終わるときにもカメラは動き、梨花が公私共に破滅へ向っていくのを描きます。梨花が光太へ電話しているショット（89分13秒～）、梨花が光太と住むために購入したマンションに、光太が他の女性を連れ込んでいることが分かるシーン（89分37秒～）になります。シチュエーションに合わせて動くカメラは、映像からも『紙の月』の物語を伝えます。

Q　追い詰められる梨花を表現するトラックアップ

1　牢屋の鉄格子を想起させる、白い壁にいく筋も並ぶ縦の影のラインが照明で作られて、梨花の危機を演出している。

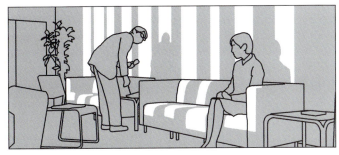

2　カメラがトラックアップをして、梨花の周りが狭まっていくことから、梨花が追い詰められていくことが表現される。

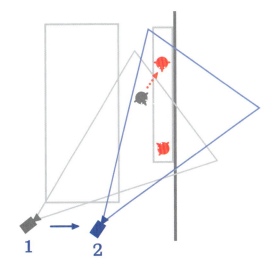

参考資料：『紙の月』Blu-rayと特典映像／『紙の月』脚本／『紙の月』パンフレット／「紙の月」（角田光代・作）／「顔の文化誌」（村澤博人）　協力：吉田大八

CASE
03

２人の男の気持ちが近づき、遠ざかるのを描くカットバック

『凶悪』
監督 白石和彌

原作:新潮45編集部編『凶悪 -ある死刑囚の告発-』 脚本:高橋 泉 白石和彌 出演:山田孝之 ピエール瀧 リリー・フランキー 池脇千鶴 白川和子 吉村実子 小林且弥 斉藤悠米村亮太朗 松岡依都美 ジジ・ぶぅ 村岡希美 外波山文明 廣末哲万 九十九一 原扶貴子
撮影:今井孝博 照明:水野研一 美術:今村 力 装飾:畠山和久 編集:加藤ひとみ 録音:浦田和治 音響効果:柴崎憲治 特機:塩見泰久
ビデオエンジニア:矢部光宏 衣裳:小里幸子 ヘアメイク:小山徳美 特殊メイク:JIRO こまつよしお 宇多川祐 黒澤津勝太
VFX:鹿角 剛 カラーリスト:亀井嘉朗 キャスティング:田端利江 企画協力:宮本太一 新潮社 助監督:茂木克仁 制作担当:小川勝美
音楽:安川吾朗 製作:鳥羽乾二郎 十二村幹男 エグゼクティブプロデューサー:由里敬三 藤岡 修
プロデューサー:赤城 聡 千葉善紀 永田芳弘 齋藤寛朗 ラインプロデューサー:大日向教史 アソシエイトプロデューサー:小室直子 小松重之
製作／配給:日活 ハピネット 制作:フラミンゴ 制作協力:カズモ ディーライツ 上映時間:128分 製作年:2013年 アスペクト比:1.85:1

映画『凶悪』(白石和彌／13) は、月刊誌の「新潮45」(現在休刊) の記者が死刑囚の告白から闇に埋もれていた殺人事件を暴いて犯人逮捕へと導いたノンフィクション「凶悪-ある死刑囚の告白-」(新潮45編集部編) を映画化したものです。

記者の藤井修一 (山田孝之) は、拘置所の接見室で面会をした収監中の元ヤクザで殺人犯・須藤純次 (ピエール瀧) から、警察もまだ知らない余罪を告白されます。3つの殺人事件の首謀者・不動産ブローカーの木村孝雄 (リリー・フランキー)、通称"先生"と呼ばれる男は、今も人の死を錬金術師のように金に換えていると須藤は訴えます。

藤井は凶悪犯の須藤の話を信じてもいいのか？ と迷いながら取材を続けます。藤井は現場を丹念に歩いて関係者を取材した結果、須藤の告発は本当だと確信して、真の"凶悪"である"先生"を追い詰めていきます。

『凶悪』は残酷な描写がありますが、露悪的な映画ではありません。観終わるときには残酷な描写が、人間の持つ闇の深さを描くのに必要なことが分かります。

現在と過去に分けて描かれる『凶悪』

『凶悪』は現代と過去、2つのパートがあります。現代パートは前半と後半で、藤井が事件を取材する姿と藤井と須藤の拘置所での面会が描かれます。過去パートはオープニングと中盤で、須藤と先生の犯罪が描かれます。オープニングから『凶悪』のタイトルが出るまでの5分ほどでは、須藤が人を殺すシーンが3回あります。

観客に植え付けられる須藤の本性

最初は須藤を裏切ったヤクザの佐々木 (米村亮太朗) をいたぶりながら殺すシーンです。次は舎弟の日野 (斉藤悠) の彼女 (範田紗々) をレイプしながら、覚醒剤の過剰摂取で殺すシーン、最後は須藤を兄のように慕う舎弟・五十嵐 (小林且弥) を銃殺するシーンです。

過去パートで須藤がためらうことなく人を殺す姿は、観客に須藤への恐怖心を植え付けます。そして現代パートで拘置所の接見室で須藤が現れるたびに、彼の本性を思い出して緊張感が高められます。

須藤と先生の底知れない恐ろしさ

中盤の過去パートの最初のシークエンス (45分45秒〜) は、先生が勢いで殺した男の死体の処分を、須藤に頼むことから始まります。

夜になってから須藤が死体を土建屋へ運び、ナタで死体を切り刻んで焼却炉で焼却するシーン (50分40秒〜) では、先生は燃える死体を見て微笑みながら「肉が焼けるいい匂いがする」と言い、須藤はこの台詞を受けて「(肉が) 食いたくなっちまうな」と耳を疑う台詞を言います。

鶏の丸焼きが連想させる燃える死体 ☞ A

このシークエンスの最後は、須藤と先生がそれぞれの家族 (妻と娘たち) や舎弟たちと一緒に、先生の事務所でクリスマスパーティーをするシーン (52分45秒〜) です。

パーティーのシーンで最初に映る鶏の丸焼きは、焼却炉の中で燃えている死体を連想させて、須藤と先生の台詞を観客に思い出させます。そしてパーティーを楽しむ須藤と先生の姿からは、彼らが人を殺すのをなんとも思っていないのが伝わってきます。

A 鶏の丸焼きが連想させる燃える死体

焼却炉で燃える死体。

燃える死体を連想させる鶏の丸焼き。テーブルクロスの赤が血を連想させる。

暗いモノトーン調の死体を焼却するシーン ☛ B

死体を焼却するシーンとクリスマスパーティーのシーンは、照明・美術・衣裳で映像のトーンを変えることで、2つのシーンを対照的に見せています。

死体を焼却するシーンは、暗いモノトーンになります。照明はプレハブ小屋など数ヶ所に工事用ライトを模して取り付けられて、人物と背景にうっすらと照明を当てることで、映像を薄暗い不気味なトーンにしています。美術は焼却炉を含めて無骨で殺風景な背景を作り、衣裳は須藤に白いトレーナーに黒いベストを着せて、映像の色味を少なくしています。

明るくカラフルなクリスマスのシーン ☛ B

クリスマスのシーンは明るくカラフルなトーンになります。照明は部屋を明るく照らすことで、死体を焼却するシーンの薄暗さとメリハリをつけています。

美術は料理の置かれたテーブルを赤いテーブルクロスで飾るなど、部屋全体にクリスマスの飾り付けをしています。衣裳は須藤には赤いバラ柄の派手なセーター、先生にはサンタの衣裳、娘の1人には赤いセーターを着せています。

照明をアンバー系の色味にして、美術と衣裳に赤系の色を多く使ったことで、このクリスマスパーティーが人を殺した赤い血にまみれていることを暗示しています。

編集の構成とカメラワークの対照性

死体を焼却するシーンとクリスマスパーティーのシーンは、どちらも3分ほどの時間ですが、映像の編集には大きな違いがあります。

死体を焼却するシーンの編集は、須藤がナタで死体を切り刻み始めてからは、12のショットを使ってメリハリのある構成にして緊張感を表現しています。

クリスマスのシーンは、対照的なワンシーン・ワンショットです。映像をゆったりとしたリズムに変えて、須藤と先生がくつろいでいることが表現されます。

2つのシーンでは、カメラワークも対照的になっています。死体を焼却するシーンは、手持ち撮影の揺れによる映像の不安定さが臨場感を出しています。クリスマスのシーンはドーリー（移動車）に載せられたカメラが、安定感のある動きで被写体を捉えています。

映画が総合芸術であることの証明

このシークエンスの中で、もっとも効果的に使われているのが音楽です。死体を焼却するシーンの最後のショットになる燃えている死体に、安っぽい曲調でクリスマスメロディの"Joy To The World"が被さってきま

B　暗いモノトーン調の死体を焼却するシーンとカラフルなクリスマスのシーン

死体を焼却するシーンは、薄暗い照明、殺風景な風景、色味の少ない衣装が、映像を暗いモノトーン調にしている。

クリスマスのシーンは、明るい照明、クリスマスの飾り付けをした部屋、須藤の赤いバラ柄のセーターと先生のサンタの衣装が、映像を明るいカラフルなトーンにしている。

す。人を茶化すような音楽はクリスマスのシーンでも流れ続けて観客を不快な気持ちにします。

死体を焼却するシーンとクリスマスパーティーのシーンを対照的に見せる撮影・照明・美術・衣裳・編集・音楽は、映画がさまざまな技術が結集することで生まれる総合芸術であることを教えてくれます。

『凶悪』で最もおぞましいシーン

須藤と先生が事務所で、牛場悟（ジジ・ぶぅ）に大量の酒を飲ませて殺すシーン（77分48秒〜）は、『凶悪』で最もおぞましいシーンです。5分以上ある長いシーンの中で、エスカレートしていく彼らの暴力は、人を殺しているという感覚が麻痺するような気分に囚われます。

先生を演じたリリー・フランキーさんは、このシーンを「小学生がカエルを笑いながら殺したことに近い」と話しています。まったく共感を持てないはずの人間たちと自分たちに共通する部分があることに気がつきゾッとさせられます。

祭りを連想させる音楽

人を殺しているという感覚をさらに麻痺させるのが、このシーンが始まると同時に流れる、祭囃子を連想させる太鼓ベースの音楽です。太鼓ベースの音楽はこのシーンの祭りのような盛り上がりを演出します。

シーンの後半では、須藤と先生の気持ちの高揚に合わせて、曲調もテンポが上がっていき、牛場が死ぬと同時に音楽も終わり、祭りが終わったような静けさを音楽からも演出します。

カメラの揺らし方から描かれる狂気

カメラは死体を焼却するシーンでも使った手持ち撮影で牛場悟を殺すシーンを撮りますが、異なるのはカメラを大きく揺らしていることです。

須藤と先生の制御不能な狂気は、カメラを大きく揺らしてフレームの中に彼らを上手くおさめない、荒々しい映像からも描かれます。手持ち撮影でカメラを揺らす加減はとても難しく、やり過ぎると映像を見づらくします。『凶悪』はカメラの揺らし方が上手く使われている例になります。

祭りの終わりを知らせるフィックスの引き画　☞C

牛場が死ぬとカメラは手持ち撮影で撮るのをやめて、カメラを三脚に載せて部屋全体を見下ろすフィックスの引き画になります。音楽に加えてカメラワークも変わることで、須藤と先生の祭りが終わりを迎えたことが分かります。

C　祭りの終わりを知らせるフィックスの引き画

映像は牛場が死ぬと同時に、部屋全体を見下ろすフィックスの引き画に変わることでも、祭りの終わりを知らせる。

静かなシークエンスが与える効果 ☞ D

牛場が殺されるシーンと少し前にある須藤と舎弟の五十嵐がヤクザの佐々木を捕まえるシーン（73分12秒〜）では、音が大きく聞こえるように調節されています。

この2つのシーンに挟まれて、3分半ほどの音が静かなシークエンスがあります。このシークエンスで観客の耳を静かさに慣らしたことで、牛場が殺されるシーンで使われる音楽と効果音がより大きな音で聞こえるように感じられます。

音が静かなシークエンスは、佐々木を橋から落とすシーン、五十嵐と牛場が釣り堀で釣りをするシーン、居酒屋で牛場が命乞いをするシーン、牛場が家族から見捨てられるシーンです。

このシークエンスの中で、一度だけ大きな音が使われます。居酒屋で命乞いをする牛場に、須藤が「テメェ！いまさら何言ってんだ！」と怒鳴りつけて味噌汁を浴びせるときです。静かさに慣れてきた耳に一瞬大きな音を聴かせることで、その場の静けさを一層感じさせます。

要となる接見室で面会するシークエンス

『凶悪』の要になるのが、現代パートで藤井が拘置所を訪れて須藤と接見室で8回面会をするシークエンスです。

D　静かなシークエンスが与える効果

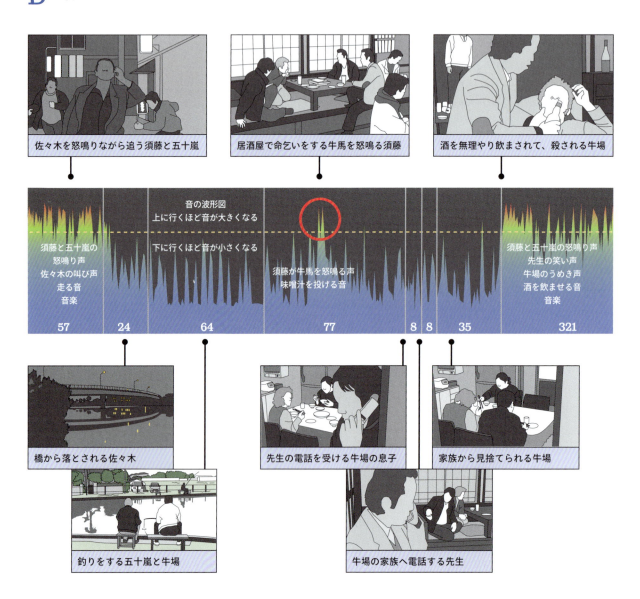

牛場が殺されるシーンの前、3分半ほど静かなシークエンスがある。このシークエンスの中で、一度だけ須藤の怒声を入れることで一層静けさを感じさせて、牛場が殺されるシーンの音楽と効果音をより効果的に聞かせている。

棒グラフの数字はショットの秒数（以下同）

藤井と須藤の内面の変化に合わせて、2人の顔つきと姿勢、藤井の髪型と衣裳が変わります。

　カメラも藤井と須藤の変化に合わせて、撮り方を変えています。1回目から5回目までの撮り方は、向かい合わせで座る藤井と須藤を、交互に単独のショットで映すカットバックですが、レンズの選択、カメラと位置と高さ、照明の明暗などを変えることで、2人の気持ちが徐々に近づいていくのが描かれます。

　6回目からはカメラの移動撮影、ツーショット、接見室のアクリル板への映り込み、視線の向く方向を変えるなど、1～5回目にはなかった撮り方が加わります。カットバックについては、『トウキョウソナタ』の章（P43）でも触れています。

藤井と須藤の照明の明暗　☞ E

　1～4回目の面会のシーンでの照明は、藤井は影が濃く、須藤は影を薄くしています。藤井向けのショットは暗く硬質な感じに見えて、藤井が須藤に対して緊張していることを表します

　また照明は藤井の目には光を当てて、藤井が須藤の告白の真偽を見極めようとしているのを見せて、須藤の目には光を当てないことで、須藤の得体の知れない不気味さを見せています。

藤井向けの望遠レンズ、須藤向けの広角レンズ　☞ E

　1回目（9分16秒～）と2回目（15分32秒～）の接見室のシーンでは、2人を映すサイズは胸元から上を映すバストサイズのショットですが、背景にある濃いめのグレーの扉は違う大きさに見えます。

　藤井向けのショットでは、背景にある扉が藤井の身体を覆う大きさに見えるのに対して、須藤向けのショットでは、扉は須藤から離れて小さく見えます。

　藤井と須藤の背景の扉の大きさが違って見えるのは、藤井側の部屋の大きさが小さいだけではなく、藤井向けのショットには望遠レンズ、須藤向けのショットには広角レンズを使って遠近感を変えているためです。

　望遠レンズは遠近感が弱いので、藤井側の扉は大きく見えて、広角レンズは遠近感が強いので、須藤側の扉は小さく見えています。この藤井向けショットで濃いグレーの扉が大きく見えることで、映像はより暗く硬質になり藤井の緊張を一層強く感じさせます。

E　藤井と須藤の照明の明暗

1　藤井向けのショット。背景の扉の見え方、照明、濃紺の衣裳で、暗く硬質な映像にして、須藤に対する緊張を見せている。

2　須藤向けのショット。目に光を当てないことで、須藤の得体の知れない不気味さを見せている。

藤井向け　望遠レンズ
遠近感（パースペクティブ）が弱い

須藤向け　広角レンズ
遠近感（パースペクティブ）が強い

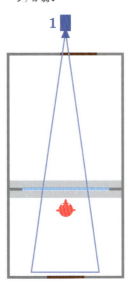
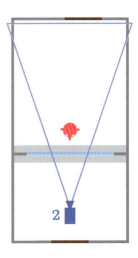

須藤の動きを強調する広角レンズ ☞ F

広角レンズによる遠近感（パースペクティブ）は、2回目の面会で、須藤が藤井に事件の取材をしてもらおうと、必死に前のめりになってカメラの方へ近づいてくるときに活かされています。ほんの少しの動きが遠近感の強い広角レンズにより強調されて、須藤の熱意が映像からも伝わってきます。

カメラ目線での演技

1～6回目までの面会のシーンでは多くのショットで、俳優の真正面にカメラを置いてます。俳優は、カメラを向かい合わせに座っているはずの相手に見立てて、自分の演技に対してどんなリアクションをしているのか、想像しながら演技をすることになります。

藤井を演じた山田孝之さんは、須藤演じるピエール瀧

F 須藤の動きを強調する広角レンズ

1

2

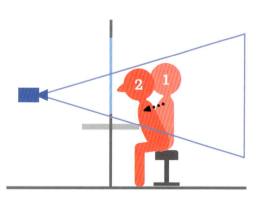

須藤が前のめりになる動きは、遠近感の強い広角レンズにより強調されて、須藤の熱意が映像からも伝わる。

G レンズ交換で見せる藤井の態度の変化

1

2

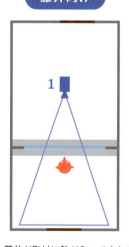 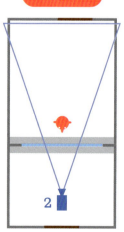

藤井が取材に熱が入ってきたことは、須藤向けのショットと同じ広角レンズに変えたことで分かる。レンズが変わったことは、背景の扉が小さくなったことで分かる。

さんの演技を、撮影前に行われる段取り（リハーサル）ですべて覚えてから演じていたと話しています。真正面から俳優を映すショットは、俳優たちに優れた演技力と記憶力がなければ成立しないことを意味します。

レンズ交換で見せる藤井の態度の変化　☞G

3回目の面会のシーン（23分1秒～）では、藤井は事件の取材に熱が入ってきて、姿勢も前のめりになっています。藤井に熱が入ってきたことは、須藤向けのショットを撮るのと同じ広角レンズに変えたことでも表現されています。このシーンでレンズが変わったことは、藤井の背景の扉の大きさが小さく見えていることで分かります。

4回目の面会のシーン（27分1秒～）では、藤井は取材経過などを須藤に話します。3回目の面会のシーンと同じ撮り方をしています。

カメラの高さの差で見せる2人の感情　☞H

5回目に面会するシーン（31分6秒～）では、藤井が須藤に事件の取材はしたが記事にできないことを告げると、須藤は怒り出して接見室内で大暴れをします。

須藤が暴れる前、須藤が藤井の顔を睨みつけているとき、2人の顔をアップで映すショットでは、カメラを異なる高さにすることで2人の感情を映像からも描きます。

藤井のアップは見下ろすように撮ることで、藤井が須藤の視線に怖気づいていることを見せます。須藤が藤井を睨みつける顔のアップは見上げるように撮ることで、須藤の顔に凄みを与えています。

H　カメラの高さの差で見せる2人の感情

1

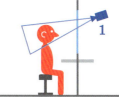

藤井のアップは見下ろすように撮ることで、藤井が須藤の視線に怖気づいていることを見せる。

2

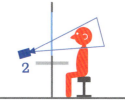

須藤のアップは、見上げるように撮ることで、須藤の顔に凄みを与えている。

演出効果で変えるカメラの高さ

向かい合わせで座る2人を交互に映すカットバックで、映っている被写体の感情を映像からも表現するため、カメラの位置を異なる高さにすることがあります。一方の被写体を上から見下ろして（ハイアングル）、一方の被写体を下から見上げる（ローアングル）にすると、一般的には見下ろされた側は弱く見えて、見上げた側は強く見える印象を与えます。自然で落ち着いた印象を与えたい場合は、被写体の目とカメラの高さを同じぐらいに揃えます。映像業界ではこのカメラの高さを「目高」「アイレベル」と呼んでいます。カメラの高さを使った演出効果については、次章の『トウキョウソナタ』（P53）、次々章の『たそがれ清兵衛』（P106）でも触れます。

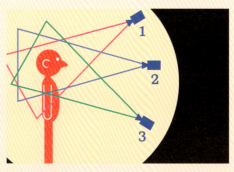

1　ハイアングル：被写体を上から見下ろす、弱い印象を与える

2　「目高」「アイレベル」：被写体の目とカメラの高さを、同じぐらいにすると自然で落ち着いた印象を与えられる

3　ローアングル：被写体を下から見上げると、強い印象を与えられる

須藤の本性を露わにする照明 ☞ I

　この5回目に面会するシーンでは、途中から須藤へ当てる照明に変化があります。須藤が藤井を睨みつけるとき、今まで見えにくかった須藤の目にうっすらと光が当たって、彼の感情を読み取りやすくしています。須藤が白目をむき出しにして暴れるときには、顔に強く当たる照明が目をはっきりと見せて、須藤の凶暴な本性を露わにします。

打ち解けるのを見せる「舐め」のショット ☞ J

　6回目（38分19秒〜）の面会は、『凶悪』のターニングポイントになるシーンです。須藤は前回の面会で大暴れしたことを反省して肩を落として現れます。そして2人は話をしながら徐々に打ち解けていきます。

　藤井と須藤が打ち解けていくのは、2人を交互に映すカットバック（切り返し）の撮り方が変わることでも分かります。このシーンの途中（39分53秒〜）から藤井向けと須藤向け、どちらのショットも手前に話している相手の後頭部の一部と肩がフレームの中へ入ってきます。単独のショットから、話をしている相手の一部が入る「甜め」のショットを使ったことで、2人の関係性が変わったことが感じられます。

日本の映像業界用語「舐め」「舐める」

　会話をする2人を撮るとき、話をしている相手の一部を手前に映すことを、日本の映像業界用語では「舐め」「舐める」などと言います。手前の人物を一部ではなく、芝居が分かるぐらいの大きさで映すときには、「越し」「入れこみ」など言い方が変わります。手前に映すのが、人から物に変わっても言い方は変わりません。

5回目の面会での
須藤のアクリル板への映り込み ☞ K

　接見室で面会をする藤井と須藤の間にはアクリル板があります。5回目の面会の藤井向けのショットでは、アクリル板に須藤の顔をうっすらと映り込ませることで、須藤の事件に対する思い入れの強さを見せます。このシーンより前のカットバックでは映り込みがないことから、この須藤の映り込みは意図的なことが分かります。

I　須藤の本性を露わにする照明

今まで見えづらかった須藤の目にうっすらと光が当たり、須藤の感情を読み取りやすくしている。

須藤が白目をむき出しにして暴れるときには、顔に強く当たる照明が目をはっきりと見せて、須藤の凶暴な本性を露わにする。

下から反射した光が、須藤の目をうっすら明るくしている

須藤が暴れるとき、須藤の顔に照明を強く当てている

J　打ち解けるのを見せる「舐め」のショット

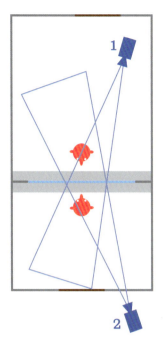

6回目の面会で初めて、フレームの中に話をしている相手の一部を入れる「甜め」のショットを使ったことで、2人の関係性が変わったことを感じさせる。

K　5回目の面会での須藤のアクリル板への映り込み

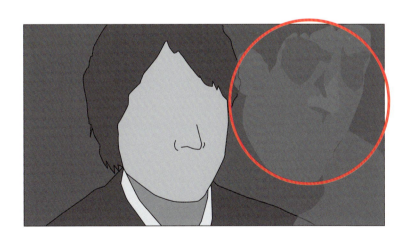

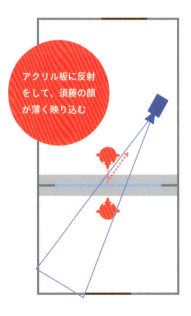

アクリル板に反射をして、須藤の顔が薄く映り込む

藤井向けのショットで、須藤の顔をうっすらとアクリル板に映り込ませることで、須藤の事件への思い入れの強さを見せる。

事件への思い入れの差を見せる映り込み ☞ L

6回目の面会のシーンでは須藤向けのショットで、藤井の顔もアクリル板に映り込んできますが、2人の顔の映り込む位置と濃さを変えています。

須藤向けのショットでは、藤井の映り込みは濃くして須藤に重ねることで、藤井の事件への思い入れが強いことが感じられます。藤井向けのショットでは、須藤の映り込みは薄くして藤井に重ねないことで、事件への思い入れが藤井よりも弱く見えます。このあとの面会のシーンでも、2人の事件に対する思い入れの差は映り込みの位置と濃さからも演出されます。

カメラを動かすタイミング

接見室での面会のシーンは、須藤が刑務官に伴われて出入りするときと、須藤が一度大暴れするとき以外は、接見室にある椅子に座ったままでの芝居になります。俳優が動かないとカメラを動かして、映像にアクセントを作りたくなる誘惑に駆られますが、『凶悪』では無闇にカメラを動かしません。

優れた映画の多くでは、カメラをどのタイミングで動かすかを、カメラマンだけでなく監督も考えています。白石監督は「（接見室では）最初は我慢をして正面から撮って、我慢して我慢して（カメラが）動いていくことを計算していた」と話しています。

新しい展開を予感させるカメラの動き ☞ M

6回目の面会のシーンでは、接見室の中でカメラが初めて動きます。須藤が来るのを待っている藤井へ、移動車に載ったカメラが近づいていきます。

このシーンの前に藤井は、須藤の内縁の妻・遠野静江（松岡依都美）と会っています。遠野は須藤との最後の会話が、須藤が殺した舎弟の五十嵐の墓参りを頼まれたことだと明かし、須藤を憎めない奴だと話します。

接見室で加わるカメラの動きは、藤井の須藤に対する見方が変わり、新しい展開の始まりを予感させます。

7回目の面会のシーンでの藤井の外見の変化

藤井と須藤の7回目の面会のシーン（95分7秒〜）は、中盤の過去パートが終わったあとになります。須藤に取材の成果を話す藤井の容貌は、無精髭が濃く髪型はボサボサ、シャツとコートはヨレヨレで、彼が事件の取材に取り憑かれて日常生活がメチャクチャになっていることが分かります。

『凶悪』は撮影期間が短く3週間（日本では通常40日前後）だったので、前半パートの撮影では伸ばした髭をファンデーションで隠して、後半パートではファンデーションを落として、無精髭が生えたように見せています。

後半のパートでは、藤井は同じシャツとコートを着たままなことが多くなります。衣裳を着古したように見せるために、山田さんは衣裳担当の小里幸子さんのアドバイスで、寝るときにもパジャマの上から衣裳を着たと話しています。山田さんが着続けたことで、衣裳が身体に馴染んだことは映像からも見てとれます。

離れ始めた気持ちを描くカメラの高さとレンズ ☞ N

7回目の面会のシーンでの藤井向けと須藤向けのショットは、5回目の面会のシーンよりもカメラの高さの差を大きくすることで、2人の気持ちが離れ始めたことを描きます。藤井向けのショットではカメラの高さを、藤井の目の高さ（目高）ぐらいにして撮ることで、藤井が取材の成果に満足していない、冷めた気持ちであることを強調します。

L　藤井と須藤の思い入れの差を見せる映り込み

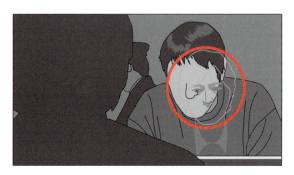

藤井の映り込みは濃くして須藤に重ねることで、事件への思い入れが須藤より強く見える。

須藤の映り込みは薄くして藤井に重ねないことで、事件への思い入れが藤井より弱く見える。

M 新しい展開を予感させるカメラの動き

1

2

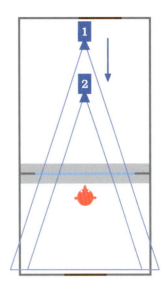

6回目の面会のシーンで、接見室の中で初めてカメラを動かすことで、新しい展開が始まることを予感させる。

N 離れ始めた気持ちを描くカメラの高さとレンズ

1 藤井向けのショットはカメラの高さを目線の高さで撮ることで、藤井が取材の成果に満足していないことが分かる。

2 須藤向けのショットは須藤を見上げるように撮ることで、須藤が藤井の取材の成果に興奮していることが強調される。

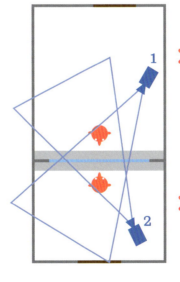

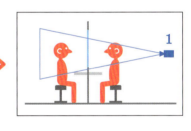

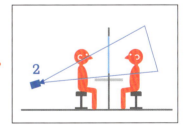

2人の気持ちが離れ始めたことは、広角レンズを使って遠近感を強調して、2人の距離が離れているように見せることでも描かれる。

須藤向けのショットではカメラの高さを下げて、須藤を下から見上げるように撮っています。藤井向けのショットとカメラの高さを大きく変えることで、須藤が藤井の取材の成果に興奮していることが強調されます。

2人の気持ちが離れ始めていることは、広角レンズを使って遠近感を強調して、2人の距離が離れているように見せることでも描かれます。

藤井に気迫に押されて黙る須藤

8回目の面会のシーンでは、藤井の取材成果で先生が逮捕されたことに、須藤は大満足をしています。しかし藤井はもっと取材を進めて、先生の犯罪をすべて明るみにすべきと主張をします。藤井の気迫に押されて須藤は黙ってしまいます。

須藤の視線の向きに変えるカメラの動き ☞ O

このシーンの最初のショット（104分17秒〜）は、須藤をバストサイズで映して、手前に藤井の右後頭部を舐めているショットです。

このショットの途中で、カメラが左方向へ移動することで、カメラの位置は藤井の右斜め後ろから左斜め後ろに変わります。このカメラの動きにより、須藤が藤井の顔を見る視線の向きは左向きから右向きになります。

O　2人の視線を同じ向きにするカメラの動き

1　須藤が藤井の顔を見る視線の向きは、右向きになっている。

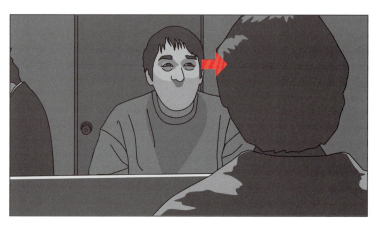

2　カメラは左側へ移動したことで、須藤が藤井の顔を見る視線の向きは左向きに変わる。

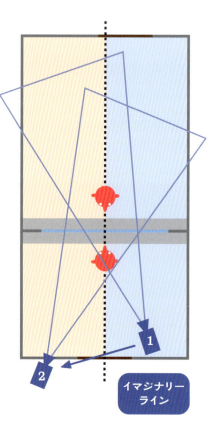

須藤の視線の方向を変えるカメラの動き

2人の気持ちがすれ違っていることを見せる視線の向き ☞ P

次の藤井向けのショットでは、藤井が須藤の顔を見ている視線の向きは、須藤向けのショットと同じ右向きになります。藤井と須藤の視線が同じ向きになることで、2人は視線を交わさないで話しているように見えます。

藤井と須藤の事件に対する気持ちが完全にすれ違っていることは視線の向きからも表現されます。

ルールを意識して破る効果

須藤向けのショットで、須藤の視線の向きを変えるカメラの動きを、日本の映像業界では「イマジナリーライン」を跨ぐと言います。

イマジナリーラインとは、2人以上を交互に映すとき登場人物を結ぶことでできる想定上の線のことを指します。これは登場人物が話している相手が誰なのかを観客に理解しやすくするために使われている映像のルールです。海外では180degree Ruleと呼ばれています。このルールをときには意識して破ることがあります。『凶悪』ではイマジナリーラインを跨ぐことを、映像演出に効果的に利用しています。

P　2人の気持ちがすれ違っていることを見せる視線の向き

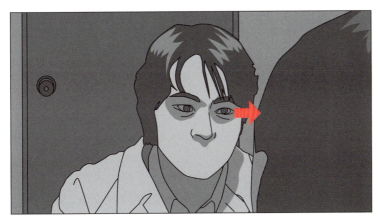
1

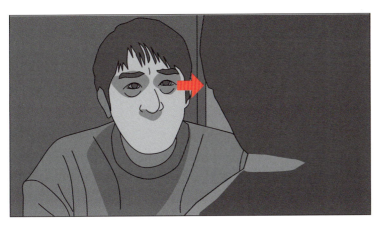
2

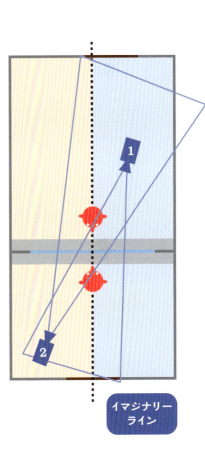

イマジナリーライン

藤井と須藤の視線の向きを同じにすることで、視線を交わして話していないように見せて、2人の気持ちがすれ違っていることが表現される。

参考資料：『凶悪』Blu-rayと特典映像／「凶悪-ある死刑囚の告白-」（新潮45編集部編）／『凶悪』パンフレット　協力：今井孝博

CASE
04

家族の破滅と再生を物語る、カメラの構図と照明

『トウキョウソナタ』

監督 黒沢 清

脚本:マックス・マニックス　黒沢 清　田中幸子　出演:香川照之　小泉今日子　小柳 友　井之脇海　井川 遥　津田寛治　北見敏之　でんでん　波岡一喜　児嶋一哉　役所広司　撮影:芦澤明子　照明:市川徳充　美術:丸尾知行　松本知恵　装飾:山本直輝　編集:高橋幸一　録音:岩倉雅之　音響効果:渡部健一　特機:松田弘志　衣裳:宮本まさ江　ヘアメイク:横瀬由美　VFXスーパーバイザー:浅野秀二　キャスティング:杉野 剛　俳優担当:楠本直樹　企画協力:黒沢弘美　スクリプター:松澤一美　助監督:西山太郎　製作担当:山本礼二　プロダクション担当:福田豊治　音楽:橋本和昌　ピアノ演奏指導:熊谷 洋　タイトル制作:竹内秀樹　製作:エンターテイメントファーム　フォルティシモフィルムズ　「TOKYO SONATA」製作委員会（博報堂DYメディアパートナーズ　安永義郎　藤崎博文　国岡奈緒子）　ビックス　エグゼクティブプロデューサー:小谷靖　マイケル・J・ワーナー　プロデューサー:木藤幸江　バウター・バレンドレクト　共同プロデューサー:椋樹弘尚　ラインプロデューサー:武石宏登　制作プロダクション:日活撮影所　ジャンゴフィルム　配給:ビックス　上映時間:119分　製作年:2008年　カメラ＆レンズ:Arriflex 535B, Zeiss Super Speed Lenses　撮影フォーマット:35mmフィルム（Kodak Vision2 50D 5201, Vision2 500T 5218）　プリント:35mmフィルム（Kodak Vision Premier 2393）　現像:東京現像所　フィルムタイミング:廣瀬亮一　馬淵 愛　アスペクト比:1.85:1

『トウキョウソナタ』（黒沢清／08）の舞台は東京、線路沿いに建つ家で暮らす佐々木家が主な登場人物です。家族構成は、父親の竜平（香川照之）、母親の恵（小泉今日子）、長男の大学生・貴（小柳友）、次男の小学6年生・健二（井之脇海）です。彼らにはそれぞれ家族に話せない秘密があります。

竜平は会社に解雇されたことを言えないでいる、恵は家族から相手にされず満たされない思いがある、貴は米軍に入隊しようとしている、健二は家族に内緒でピアノを習っている。彼らの秘密は家族に徐々に大きな亀裂を作っていきます。そして竜平が父親の「権威」に固執したことで佐々木家は崩壊します。

『トウキョウソナタ』は佐々木家の物語を通して、日本社会の深刻な問題がユーモアを交えながら描かれます。

カットバックの撮影方法 ☛ A

カットバック（切り返し）とは、向かい合わせの人物を交互に映すことを指す撮影用語です。両方の人物を撮るのに同じレンズを使い、同じ撮影距離で映すことで、同じサイズに揃えるのがオーソドックスな撮影方法です。サイズを同じにするのは、一方の人物の印象を強くしないためです。

カットバックは特別な撮影方法ではないのですが、『トウキョウソナタ』では全体の構成の中で、どこでカットバックを使うかを選ぶことにより、高い演出効果を上げています。カットバックについては、『凶悪』の章（P33）でも触れています。

カットバックが使われる5つのシーン

『トウキョウソナタ』では、5つのシーンでカットバックが使われます。時系列順に、次男の健二が小学校の体育館で担任の小林先生（児嶋一哉）と話すシーン（12分11秒〜）、長男の貴が恵にアメリカ軍への入隊の意志を伝えるシーン、健二がピアノ教師の金子（井川遥）から音大付属の中学受験を勧められるシーン、貴が高速バス乗り場で恵に竜平との離婚を勧めるシーン（58分22秒〜）、竜平の父親としての「権威」が丸潰れになるシーンです。

リズムとサイズの変化で示されるニュアンス

『トウキョウソナタ』でカットバックを使うシーンでは、登場人物たちが自分の考えを相手に対して率直に告げる、という共通したニュアンスがあります。この共通するニュアンスはカットバックを使うことで、映像にリズムの転調とサイズの変化が起きることからも感じられます。

A　カットバックの撮影方法

1

2

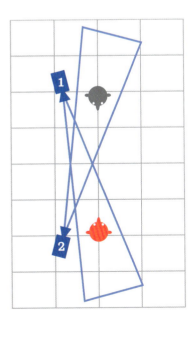

カットバック（切り返し）のオーソドックスな撮影方法は、同じレンズを使い同じ撮影距離で、同じサイズで映した人物を交互に映す。同じサイズに映すことで、一方の印象を強く見せない効果がある。人物の顔の大きさに応じて、撮影する距離を調節することもある。

B　リズムの転調とサイズの変化
　　貴が恵に米軍への入隊を伝えるカットバック

貴が恵に米軍への入隊を伝えるシーンでのカットバックは、他のショットよりも使う秒数が短くなることで、映像のリズムが転調していることが分かる。人物を映すサイズは、ツーショットから単独で映すアップに変わっている。

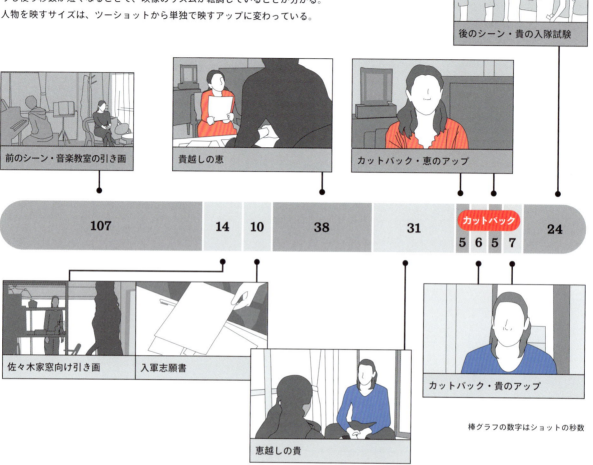

棒グラフの数字はショットの秒数

カットバックによるリズムの転調　☞ B

　私の数え方では『トウキョウソナタ』のシーンの数は152、ショットの数は343です。半分近くのシーンが1シーン・1ショットで撮られているため、現代の映画としては少なめのショット数で、ショットが変わるリズムはゆっくりに感じられます。

　カットバックを使うときには交互に人物を映すため、ショットの数が増えて1つのショットに使われる時間が短くなるので、ゆっくりなリズムは転調して速いリズムに感じられます。

カットバックによるサイズの変化　☞ B

　『トウキョウソナタ』でのカットバックでは、人物を映すサイズを大きく（バストからアップ）して、1人の人物を単独で映すショットを続けて見せることで、俳優の表情の変化を見ることに観客の意識を集中させて、感情を読み取りやすくします。1シーンを1ショットで撮るときには引き画のサイズが多いので、カットバックほどは表情を読み取りやすくありません。

　『トウキョウソナタ』のカットバックで例外になるのが、竜平の「権威」が丸潰れになるシーンで、恵と竜平を映すサイズをツーショットにしていることです。単独のショットではなく、ツーショットで2人を見せる効果についてはこの章の最後で触れます。

カットバックから見える恵と貴の気持ち

　5つのカットバックの中から、貴が恵にアメリカ軍に入隊することを伝えるシーン（46分2秒～）を取り上げます。『トウキョウソナタ』では、日本人でもアメリカ軍に入隊できる架空の制度があり、貴は軍隊で平和のために働けると考えています。

恵と貴は居間にあるテーブルを挟んで、向かい合わせで座っています。恵の表情からは、貴から突然アメリカ軍に入隊したいと告げられたことに、驚きと不安を感じているのが伝わってきます。貴が恵を見る眼差しからは、初めて人生に目的を持ったことで、高揚していることが伝わってきます。このカットバックでは照明と背景の選び方からも、彼らの気持ちを伝える工夫をしています。

照明の当て方が描く２人の気持ち ☛ C

佐々木家の居間は日当たりの良い南側にあります。窓外からは照明で作られた太陽を想定した光が、室内に差し込んでいます。

照明の当て方は、恵向けのショットは、恵には光を直接当てて映像のコントラストを強くして、背景は暗くしています。貴向けのショットは、貴には光を直接当てず映像のコントラストを柔らかくして、背景を明るくしています。恵と貴が対照的な気持ちであることは、映像のコントラストと明るさの違いからも描かれます。

対照的な背景が描く不安と高揚感 ☛ C

恵は混乱と不安を抱き、貴は高揚感で高ぶっていることは、背景と映像の奥行きが対照的なことでも感じられます。恵向けのショットの背景は、目立つ位置にテレビと木製の家具を置いて、背景をゴチャゴチャとさせています。恵の背景の壁は、恵と距離が近く映像には奥行きがありません。

貴向けのショットの背景は、物が少ない白い壁を選びスッキリとさせています。貴の背景には隣の部屋の壁が見えているので、貴と壁の距離は遠く映像には奥行きがあります。

C　照明と背景から描かれる２人の気持ち

恵向けのショットは、胸元に光を直接当てて映像のコントラストを強くして、背景は目立つ位置にテレビと家具を置いて、暗くゴチャゴチャしている。恵の背景の壁は距離が近く、映像には奥行きはない。

貴向けのショットは、光を直接当てず映像のコントラストを柔らかくして、背景は白い壁を選んで明るくスッキリさせている。貴の背景の壁は距離が遠く映像には奥行きがある。

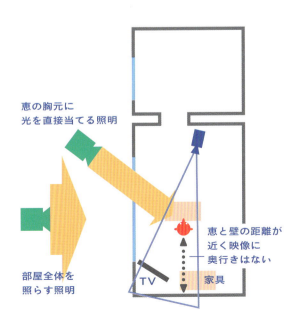

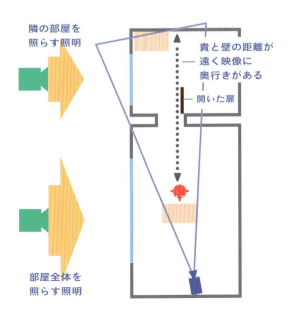

恵の心情を表す、背景のコントロール ☛ D

人物の心情を表す手段の1つとして、背景の見え方をコントロールすることは、映像表現でよく見られることです。アメリカ軍に入隊をした貴の身を案じて、外務省に電話をする恵の後ろ姿を映すショット（74分56秒〜）では、焦げ茶色の家具を恵を囲むように置いて、恵の周囲を暗くすることで、恵の不安な気持ちが表現されています。

次の電話をする恵の横顔をアップで映すショット（75分〜）では、恵の不安な気持ちを強調するため、顔の明るさを暗くしています。恵の顔は背景に明るい白いカーテンがあることでより暗く見えています。これは人間の目は明るい光源があると虹彩を閉じるので、暗い部分がより暗く見えるようになるためです。

『タクシードライバー』の夜のシーン

暗い部分をより暗く見せる例として『タクシードライバー』（監督：マーティン・スコセッシ 撮影：マイケル・チャップマン／76）があります。『タクシードライバー』の夜のシーンでは、街灯や車のヘッドライトなど、強い光源を意識的にフレームの中に入れています。強い光源に反応した人間の目は虹彩を閉じることで、夜のシーンの黒はより黒く見えて、映像に陰気な雰囲気を与えています。この黒をより黒く見せることを、映像業界用語では「黒を締める」と言っています。

健二の気持ちとシンクロする照明 ☛ E

ピアノ教師の金子薫（井川遥）の家で、健二がピアノレッスンを受けているシーンでは、窓向けの引き画のショット（54分33秒〜）は途中から照明を明るくすることで、健二の気持ちの変化が描かれます。

この窓向けの引き画のショットの照明は、最初は健二に当てる照明を弱くしています。前日の夜、竜平と貴の激しい口論があったことで、健二が暗い気持ちなのは映像の暗さからも感じられます。

このショットの途中で、金子は健二にピアノの才能があると伝えます。このとき健二と金子、背景の白いカーテンに当てる照明を強くして、健二の感情の変化と映像の明るさを同期させています。

ショットの途中で、映像が明るくなるのが気にならないのは、俳優の演技を注意深く見つつ、照明を適切なタイミングで操作をするスタッフがいるからです。

D　恵の心情を表す、背景のコントロール

恵を囲むように焦げ茶色の家具を置いて、恵の周囲を暗く囲むことで不安な気持ちが表現される。

背景の明るい白いカーテンが恵の顔をより暗く見せることで、恵が不安な気持ちが強調される。

E 健二の気持ちとシンクロする照明

照明を弱くしている

照明を強くしている

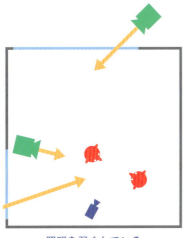

照明を弱くしている

ショットの途中から、健二と金子、背景の白いカーテンに当てる照明を強くして、健二の感情の変化と映像の明るさを同期させている。

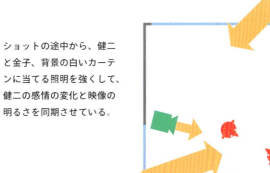

照明を強くしている

天井のある佐々木家のセット

『トウキョウソナタ』では佐々木家が住む家の外観は実際の家を使っていますが、室内のシーンはスタジオに建てられたセットを使っています。

佐々木家は天井があるセットで、照明プランもセットに合わせて、昼間は窓外から太陽の光を想定した照明を当てて、夜は生活空間内の光源を活かすアベイラブル照明が使われています。

その場にある自然な光を想定した照明にしたことで、佐々木家のセットで撮った映像は自然な雰囲気に見えるので、セットで撮影されたことに気がつく人は少ないはずです。

通常のスタジオ撮影のセット

通常のセットを使う撮影では天井がなく、映像に映るときにだけ天井が取り付けられます。天井がないことはセットを使用する際の利点の1つで、照明を光の当てやすい位置に配置したり、録音用のマイクを適切な位置に配置しやすくします。

不便に思えるセットを使う理由

私が参加した映画『喪の仕事』(監督：君塚匠 撮影：丸池納／91) でも、主人公たちが住むマンションは天井のあるセットで、アベイラブル照明が使われていました。偶然ですが美術は『トウキョウソナタ』と同じ丸尾和行さんでした。

このセットは壁を動かすことができなかったので、一度だけですがカメラ位置を確保するため、セットの壁にレンズ用の穴を開けていました。

私は仕事を始めたばかりで、なぜこんな撮影がしづらい不便なセットを使うのか、撮影中には理解できませんでした。撮影のあと、現像されたフィルムをスクリーンで観て、本当の家で撮影されたように見える自然な映像に驚きました。この経験から時には不便さによる制限が、クリエイティブな映像を生むことを学びました。

佐々木家のセットの配置 ☞F

佐々木家のセットの一階部分の中心には、家族が集まって食事をするダイニングがあり、北側には玄関、東側には台所、南側には居間、南西には夫婦の部屋、西側には2階へ上がる木製のスケルトン階段が配置されています。

このセットの特徴になる、リビングと台所を仕切る造り付けの食器棚、リビングと居間を仕切る造り付けの棚、スケルトン階段、そしてリビングと居間をつなぐ2段の階段は、佐々木家の人たちの内面を映像から描くことに活用されています。スケルトン階段とは、階段の骨組みと段板のみで作られている階段のことで、1階から2階へ梯子をかけたように見えます。

「フレーム内フレーム」と呼ばれる構図の作り方

「フレーム内フレーム」(frame within a frame) と呼ばれる構図の作り方があります。フレームの中の構造物を利用して、フレームの中に窓ができたように見せる構図です。窓の内側にあるものを観客に注視をさせたり、映像の奥行きを強調する効果があると言われています。

『トウキョウソナタ』では「フレーム内フレーム」(以下「フレーム内」)が、家族の関係性の変化を映像からも読み取りやすくしています。『トウキョウソナタ』で「フレーム内」を作るのに使われる主な構造物は、スケルトン階段と2つの造り付けの棚になります。

「フレーム内フレーム」が注視させる動きのない竜平 ☞G

ここからは「フレーム内」が、『トウキョウソナタ』で印象的に使われているショットを挙げます。最初は竜平が会社を解雇された翌朝、リビングで背広を着て新聞を読み、会社へ出勤するふりをしているシーンでの「フレーム内」です。

台所向けの広い引き画で映すショット（8分5秒〜）では、竜平の手前に入れているスケルトン階段の手すりを支える小柱を使って、竜平を囲む「フレーム内」を作っています。

このショットでは恵は家事をして、健二は小学校へ登校します。2人には動きがあるのに対して、竜平は椅子に座ったままで動きがありません。

普通なら動きがある恵と健二を注視するところですが、動きのない竜平を「フレーム内」の効果で注視させることで、竜平が解雇されて日常が止まったことが描かれます。

「フレーム内フレーム」で誘導される視点 ☞H

次は恵が朝帰りをした長男の貴に素っ気なくされるシーンでの「フレーム内」です。玄関向けの広い引き画でリビングを映すショット（9分40秒〜）で、手前にリビングと居間を仕切る造り付けの食器棚を入れて、恵を注視させる「フレーム内」を作っています。このショットの中で、貴が2階に上がったあと、恵の位置は視点が向かいづらい右端ですが、「フレーム内」の効果で観客の視点は恵へ誘導されます。

「フレーム内フレーム」が匂わせる秘密 ☞I

3つめは、竜平・恵・健二がリビングで夕食を食べているシーンの「フレーム内」です。スケルトン階段向けの引き画で、テーブルに座る3人を横から映すショット（16分37秒〜）では、3人の手前にリビングと居間を仕切る造り付けの食器棚を入れて、「フレーム内」を作っています。「フレーム内」の被写体を注視させる効果は、このシーンの前で竜平と健二に、家族に言えない秘密が増えていることを匂わせます。

F　佐々木家のセットの配置

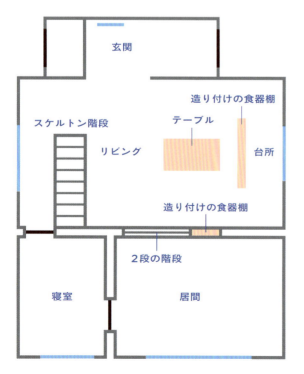

映像からの情報をもとにした略図

G 「フレーム内フレーム」が注視させる動きのない竜平

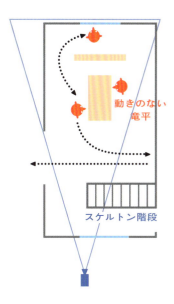

スケルトン階段の手すりを支える小柱を使って、竜平を囲む「フレーム内フレーム」を作っている。動きがある恵と健二ではなく、動きのない竜平を「フレーム内フレーム」の効果で注視させている。

H 「フレーム内フレーム」で誘導される視点

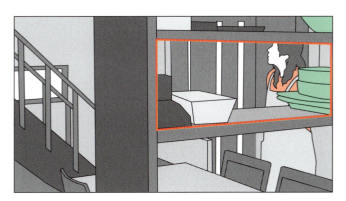
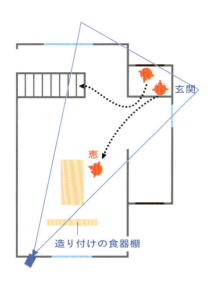

造り付けの食器棚を使って、「フレーム内フレーム」を作っている。「フレーム内フレーム」の効果で、右端にいる恵へ視点は誘導される

I 秘密を匂わせる「フレーム内フレーム」とミックス光照明

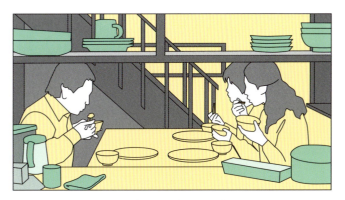
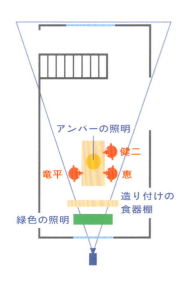

3人の手前にある造り付けの食器棚で「フレーム内フレーム」を作っている。「フレーム内フレーム」の被写体を注視させる効果とミックス光照明の効果で、竜平と健二に秘密が増えていることを映像からも匂わせる。

ミックス光照明・食器に当たる緑色の光 ☞ I

　この3つめの「フレーム内」では、照明の光に2種類の色味を使う、ミックス光照明が使われています。ミックス光照明は異なる色味を利用することで、映像に意味合いや立体感を与えられます。

　使われている照明の色味は、リビングで食事をする3人に当たる色味はアンバー、造り付けの食器棚に当たる色味は緑色です。食器棚には白系の食器や台所用品が、3人を囲むように置かれていますが、映像では緑色の照明が当たることで緑色に見えています。

　アンバーと色味が異なる緑色が加わることで、竜平と健二が家族に言えない秘密が加わったことを照明からも感じさせます。ミックス光照明については、『ドライブ・マイ・カー』の章（P74）でも触れています。

「フレーム内フレーム」で見せる
軽んじられている恵 ☞ J

　4つめの「フレーム内」も、竜平・恵・健二がリビングで夕食を食べているシーンです。玄関向けの引き画で竜平は後ろ姿、恵・健二は正面から映すショット（16分37秒〜）で、3人の手前にリビングと居間を仕切る造り付けの棚を入れて、恵に「フレーム内」を作っています。

　竜平と健二は夕食を食べ終えるとすぐに立ち上がっていなくなり、恵だけが食卓に残ります。広い引き画の中でポツンといる恵を、「フレーム内」で囲むことで恵を注視させて、家族を守ろうと努力をしている恵が家族から軽んじられているのが感じとれます。

異なる印象を見せる似た構図の
「フレーム内フレーム」 ☞ K

　5つめの「フレーム内」は崩壊してバラバラになった佐々木家が、家へ戻ってきてリビングで朝食を食べるシーンです。スケルトン階段向けの引き画で、テーブルに座る竜平・恵・健二を横から映して、3人の手前にリビングと居間を仕切る造り付けの食器棚を入れて「フレーム内」を作っているショット（108分30秒〜）です。3つめの「フレーム内」で取り上げた、リビングで夕食を食べているショットと似た構図です。

　5つめと3つめの「フレーム内」は構図は似ていますが、映像からは異なる印象を受けます。5つめの「フレーム内」では、崩壊した佐々木家が再生しようとしていることを、自然で落ち着いた印象を与える映像からも感じることができます。3つめの「フレーム内」は、佐々木家の崩壊を予感させる不吉な印象を映像から受けます。

　映像から異なる印象を受けるのは、照明の色味、佐々木家とカメラの距離、竜平のフレームの中での配置などの工夫によるものです。

自然な色あいの照明とミックス光照明 ☞ L

　2つの「フレーム内」の違いで分かりやすいのが、映像の色合いが異なることです。5つめの「フレーム内」では、自然な色味の照明が使われています。3つめの「フレーム内」では、ミックス光照明で緑色に見えた食器とキッチン用品は、自然な色あいの照明が当たることで、本来の色である白色に見えています。

J　「フレーム内フレーム」で見せる軽んじられている恵

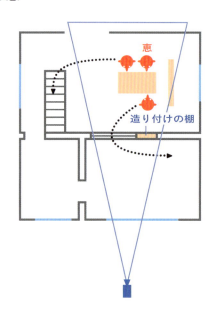

造り付けの食器棚を使って、恵を囲む「フレーム内フレーム」を作っている。広い引き画の中に1人だけ残った恵を注視させることで、恵が家族から軽んじられているのが感じられる。

K 異なる印象を見せる似た構図の「フレーム内フレーム」

5つめの「フレーム内フレーム」

自然で落ち着いた印象を与える映像

3つめの「フレーム内フレーム」

佐々木家の崩壊を予感させる不吉な印象を与える映像

L 自然な色あいの照明

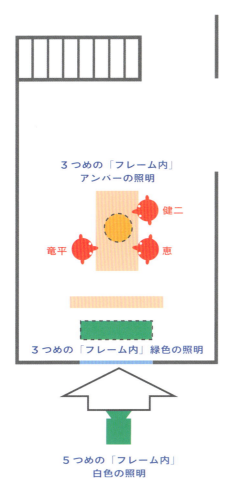

3つめの「フレーム内」
アンバーの照明

竜平　恵　健二

3つめの「フレーム内」緑色の照明

5つめの「フレーム内」
白色の照明

5つめの「フレーム内」では柔らかい自然な色あいの照明を当てている。食器棚に置かれた食器と台所用品は、本来の色である白色に見えている。3つめの「フレーム内」のミックス光照明は破線で表している。

蛍光灯の緑色

佐々木家が夕食を食べているシーンで照明の色味に緑色を使うのは、台所の照明に蛍光灯が使われていることを想定しているためです。緑色を使うのは蛍光灯が使われ始めた頃、蛍光灯の演色性が悪く、映像に映すと緑色の光になったためです。演色性（Ra）とは光の色の性質を評価する数値です。演色性の基準となるのは太陽光で、演色性は太陽光に近ければ良く、逆の場合は演色性が悪いとなります。

蛍光灯の緑色の色味は、物語の中で何か不自然なことが起きたことを強調したいときに使われることが多いです。これは緑色は自然界にはない、不自然な光の色味であることを逆手にとった表現手段です。

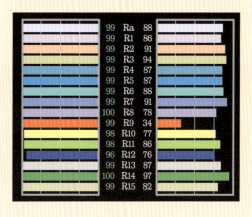

太陽光の演色性 / 演色性の悪い照明

それぞれの光の分光分布が揃っている / それぞれの光の分光分布が揃っていない

被写体を撮影する距離の違い ☛ M

佐々木家のセット撮影で一番多く使われるレンズ、マスターレンズは40mmです。マスターレンズについては、この章のあとのコラム「レンズを交換する理由」（P55）の中で説明をします。3つめと5つめの「フレーム内」は同じ40mmを使っていますが、5つめの「フレーム内」ではカメラが佐々木家から離れることで、3つめの「フレーム内」よりも広い引き画になっています。

白い食器に囲まれた佐々木家 ☛ N

5つめの「フレーム内」が広い引き画になったことで、白い食器がフレームの中に多く入ってきます。『トウキョウソナタ』で白色が一番目立つのはこのショットです。

佐々木家を白い食器で囲むのは白色には「白紙に戻す」という言葉があるように、再生の意味合いが込められていると考えることができます。

竜平の位置で感じられる変化 ☛ N

5つめと3つめの「フレーム内」では、竜平のフレームの中でいる位置が変わります。3つめの「フレーム内」では左端の位置ですが、5つめの「フレーム内」では真ん中めの位置で、竜平が恵と健二に近づいたように見えます。父親の「権威」にこだわり頑なだった竜平が、家族とやり直したい気持ちを持ったことが映像からも感じられます。

1つ1つの工夫から感じられる変化は些細なことですが、さまざまな変化が重なることで2つのショットを異なる印象に見せています。似た構図のショットでも、物語の流れに沿って、技術の工夫で異なる印象を与えることができる具体的な例として取り上げました。

写真家ウォーカー・エバンス

アメリカの写真家ウォーカー・エバンスは、「フレーム

M　被写体を撮影する距離の違い

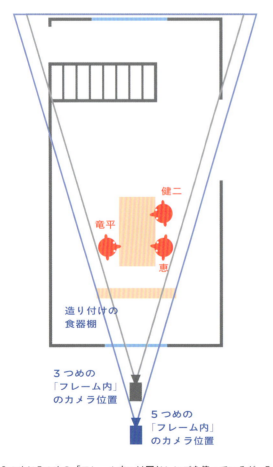

3つめと5つめの「フレーム内」は同じレンズを使っているが、5つめの「フレーム内」では、カメラが佐々木家から離れることで、3つめの「フレーム内」よりも広い引き画になっている。

N　白い食器に囲まれた佐々木家

3つめの「フレーム内フレーム」

5つめの「フレーム内フレーム」

5つめの「フレーム内」が広い引き画になったことで、白い食器が多く映るようになる。食器の色が緑から白になったことは、佐々木家の再生を意味すると考えられる。竜平の映る位置が端から真ん中に変わることで、竜平が恵と健二に近づいたように見えて、映像からも家族とやり直したい意思が感じられる。

内フレーム」を活用する名手として知られています。伝記作家ベリンダ・ラズボーンは、「エバンスの写真は、窓やポーチの中を覗き込んだり、何かのコーナーから向こうを眺めやったりする構図になっている。この構図によって、新たな次元と、力と、そして隠れているものを明らかにするというオーラまでもが写真に加わっていた」と書いています（「PHOTOGRAPHER'S EYE 写真の構図とデザインの考え方」より）。「フレーム内フレーム」を映像で活用したいと考えたとき、エバンスの写真を見ることは外せません。

2段の階段の高低差

佐々木家のリビングと居間の間には2段の階段があります。通常、階段一段の高さは17〜20cmなので、リビングの床の高さは居間の床よりも40cmぐらい高くなっていると思われます。この高さの差を『トウキョウソナタ』では、2つのシーンで効果的に使っています。

階段の高低差で見せる父親の「権威」　☞ O

最初に床の高さの差が効果的に使われるのが、貴のアメリカ軍への入隊を巡り、竜平と貴が激しい口論をするシーンの中で、リビングにいる竜平と居間にいる貴を映すショット（51分32秒〜）です。

竜平の背丈は貴より20cmほど低いですが、このショットでは竜平は床が高いリビング側にいるので、貴よりも背丈が20cmほど高く見えて、貴の言い分を聞かずに、竜平が一方的に父親の「権威」で押さえつける姿を象徴的に見せます。

竜平の姿を弱々しく見せる高低差　☞ P

次に床の高さの差が効果的に使われるのが、竜平が家族を守らず、父親の「権威」だけを守ろうとする姿に、恵が失望するシーンの中で、恵と竜平をツーショットで交互に映すカットバック（69分13秒〜）です。

O　階段の高低差で見せる父親の「権威」

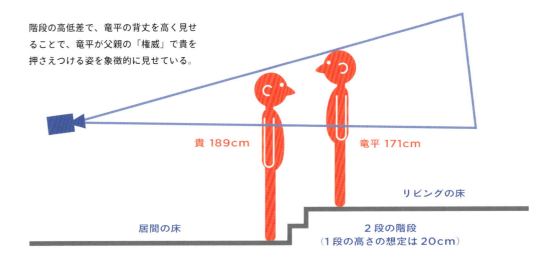

階段の高低差で、竜平の背丈を高く見せることで、竜平が父親の「権威」で貴を押さえつける姿を象徴的に見せている。

貴 189cm　　竜平 171cm

居間の床　　リビングの床　　2段の階段（1段の高さの想定は20cm）

恵の背丈は竜平より20cmほど低いですが、このカットバックでは恵はリビング側にいるので、居間にいる竜平より背丈が20cmほど高く見えて、背丈が低く見える竜平が父親の「権威」を失いつつあるのを見せます。

恵向けと竜平向けで変えるカメラの高さ ☛ P

この2人の背丈の差は、恵向けと竜平向けのショットで、カメラの高さを変えることでよりはっきりします。恵向けのショットではカメラの高さを低くして、恵を見上げるように映し、竜平向けのショットではカメラの高さを高くして、竜平を見下ろすように映しています。

恵が竜平に近づいてくると、恵はさらに竜平よりも背丈が高く見えます。2人の背丈の差が広がることで、竜平が父親の「権威」を完全に失ったことが映像からも感じられます。

カメラが一方の被写体を上から見下ろして、一方の被写体を下から見上げると、見下ろされた側は弱く見せて、見上げた側を強く見せる効果は、前章の『凶悪』(P35)と『たそがれ清兵衛』(P106)の章でも触れています。

カットバックでツーショットを使う理由

『トウキョウソナタ』でカットバックを使うシーンでは、人物を映すサイズを大きくして、向い合う人物を単独のショットで交互に映しています。

例外になるのが恵と竜平をツーショットで映す、竜平の父親の「権威」が丸潰れになるシーンです。恵と竜平を単独のショットで映すより、階段の高低差を使って2人をツーショットで映すことで、映像からも恵と竜平の関係性が大きく変化するのを描くためと考えられます。

P 竜平の姿を弱々しく見せる高低差

1 背丈が低く見える竜平は弱々しく見える

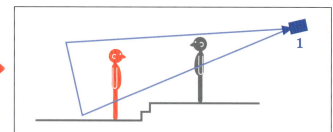

2 恵は階段の高低差で背丈が、竜平より高く見える

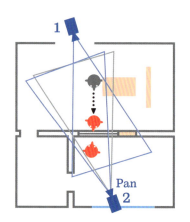

2 竜平に近づいた恵の背丈はさらに高く見えて、竜平が父親の「権威」を完全に失ったことを感じさせる

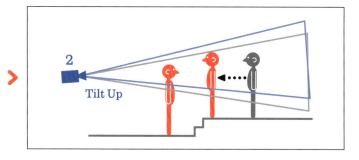

参考資料:『トウキョウソナタ』DVDと特典DVD付属ブックレット／ノベライズ版「トウキョウソナタ」／映画『喪の仕事』 協力:芦澤明子

COLUMN 01 — レンズを交換する理由

レンズの種類と画角

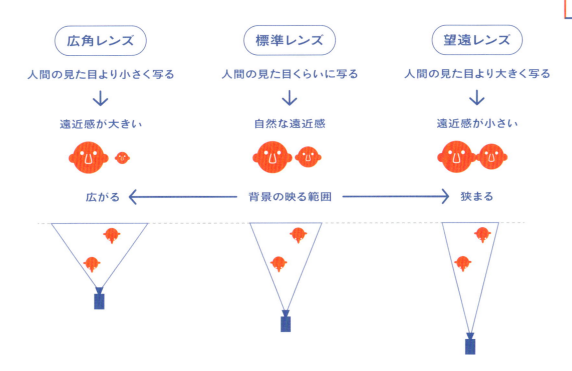

　人間の眼とカメラは構造が似ています。角膜はレンズの役割、水晶体はピントを合わせる、虹彩は光の量を調節する絞り、網膜はカメラのセンサー（orフィルム）に当たります。大きく違うことは、人間の目に見えているものは、脳からの指示に従って自動的に都合よく、見たいものを見たいように処理されているということです。

　たとえば人間は広い視野角で、たくさんの人を捉えながら、その中からただ1人を見つけることができます。これは脳から「一点だけを注視・見つめる」という指令を受けて、人間の眼が見た像を脳内で合成をしているためです。

　人間が見て感じている印象を映像や写真で表現するには、3種類のレンズ（標準レンズ・広角レンズ・望遠レンズ）を使い分ける必要があります。人間が一点を注視している状態を再現するには、望遠レンズを使って被写体を大きく映す必要があります。標準レンズは人間が自然な視野角で見ている状態を、広角レンズは人間が広い視野角を見ている状態を再現します。

遠近感（パースペクティブ）

　カメラのレンズを交換すると人間の眼とは異なる現象、遠近感の変化が起きます。遠近感とは「近くのものは大きく、遠くのものは小さく見える」効果です。遠近感が変わることに伴って背景の映る範囲も変わります。

　レンズを交換するときには、被写体を大きく映すのか小さく映すのかを考えるだけでなく、どの程度の範囲を映すのか、背景に何を映すのか、何を映さないのかを考える必要があります。

マスターレンズ

　複数のレンズを使い分ける基準となるレンズを、マスターレンズと呼んでいます。『トウキョウソナタ』を例にすると、室内の撮影の半分以上のショットに使われている40mmがマスターレンズになります。

　マスターレンズには標準レンズが使われることが多いのですが、これは決まりごとではありません。『女王陛下のお気に入り』（監督：ヨルゴス・ランティモス監督／撮影：ロビー・ライアン／19）では、多くのショットのマスターレンズに、人間が両目で意識できる視界に近い10mm超広角レンズが使われています。

　極端な遠近感で誇張された映像は、その空間に人物たちが閉じ込められているように見え、権力を持つ人間たちの孤独と滑稽さを描いています。

CASE 05

音が伝える場所の雰囲気と物語の伏線

『永い言い訳』
監督 西川美和

原作・脚本：西川美和　出演：本木雅弘　竹原ピストル　藤田健心　白鳥玉季　池松壮亮　黒木華　山田真歩　堀内敬子　松岡依都美　木村多江　深津絵里　撮影：山崎裕　照明：山本浩資　美術：三ツ松けいこ　装飾：斉藤暁生　編集：宮島竜治　録音：白取貢　サウンドエフェクト：北田雅也　特機：小窪美佳　衣裳：小林身和子　ヘアメイク：酒井夢月　キャスティング：田端利江　助監督：久万真路　菊池清嗣　制作担当：白石治　クリエイティブディレクター：後智仁　メインビジュアルフォトグラファー：上田義彦　コピーライター：谷山雅計　企画協力プロデューサー：北原栄治　企画協力：分福　是枝裕和　音楽プロデューサー：伊藤芳紀　挿入歌：手嶌葵　作曲・編曲：中西俊博　加藤みちあき　音楽：秀音事務所　タイトル：大槻彩乃　製作：川城和実　中江康人　太田哲夫　長澤修一　松井清人　岩村卓　エグゼクティブプロデューサー：濱田健二　福田一平　豊島雅郎　西川清史　田上英機　プロデューサー：西川朝子　代情明彦　『永い言い訳』製作委員会（バンダイビジュアル　AOI Pro　テレビ東京　アスミック・エース　文藝春秋　テレビ大阪）　ラインプロデューサー：伊藤太一　アソシエイトプロデューサー：池野加奈　制作プロダクション：AOI Pro　配給：アスミック・エース　上映時間：124分　製作年：2016年　カメラ＆レンズ：Aaton XTR, Zeiss Super Speed, Canon　撮影フォーマット：16mmフィルム（Kodak Vision3 500T 7219）　現像：IMAGICA　カラーグレーディング：森誠二郎　アスペクト比：1.85:1

『永い言い訳』(西川美和／16)の主人公の衣笠幸夫(本木雅弘)は、文化人としてTVにも出演するタレント性のある流行作家・津村啓です。幸夫の妻・夏子(深津絵里)の仕事は美容師で美容室を経営しています。気詰まりな夫婦関係になっている彼らには子どもはいません。

映画の冒頭、冬の晩に夏子は親友(堀内敬子)と旅行に出ます。翌朝、幸夫は自宅に呼んだ愛人(黒木華)とリビングで戯れあっているとき、夏子が親友とともに夜行バスの事故で死んだことを知ります。夏子の突然の死に幸夫は動揺をすることなく、悲しむこともできない自分を理解できずにいます。

世間に対して、妻を失った悲劇の主人公を演じていた幸夫は、夏子の親友の夫・大宮陽一(竹原ピストル)とひょんなことで出会います。

陽一が仕事で家を留守がちなため、息子の真平(藤田健心)が中学受験を諦めたことを知った幸夫は、週に2回、大宮家で幼い娘の灯(白鳥玉季)と留守番することを申し出ます。大宮家との交流が始まったことで、幸夫は隠してきた弱さを少しずつ見せていきます。

夏子の姿を観客の視覚に刻む映像

『永い言い訳』は、夏子が幸夫の髪の毛を夜に自宅でカットをしているシーンから始まります。生きている夏子が劇中で出てくるのは、この冒頭から9分までの短いシークエンスだけです。

このあと夏子は幸夫の部屋にある遺影と、回想シーンの中で2回短い時間出るだけですが、夏子はずっと観客に忘れられず映画の中で存在し続けます。

西川監督が3年かけて書いた脚本をスタッフが読み解き、映像でさり気なく夏子と幸夫の見せ方に明確なコントラストを作り続けたことで、夏子の姿は観客に強く記憶されます。

夏子と幸夫を対照的に見せる映像

冒頭の自宅のシーンの映像から、夏子の顔は明るく凛々しく、幸夫の顔は暗く女々しく感じられるのは、照明の当たり方、衣裳、映す背景の違いがあるためです。

2人に当たる照明は、天井から吊り下がるペンダントライトからの光です。その場にある光源だけを使って、映像を自然な雰囲気に映すアベイラブル照明になります。

2人への照明の当たり方の違いがよく分かるのが、夏子と幸生を壁に立てかけられた姿見越しに映すショット(4分19秒〜)で、夏子が向ける視線を幸夫がそらすときになります。

2人の顔の明るさが違う2つの理由 ☞ A

このショットで夏子と幸夫の顔の明るさが違うのは、肌の色の違い以外に2つの理由が挙げられます。

1つめは2人の照明からの距離の違いです。立っている夏子の顔は照明から距離が近いので明るく、椅子に座る幸夫の顔は照明から距離が遠いので暗くなっています。

2つめは照明の当たり方の違いです。夏子には左横から照明が当たるので、顔には明るい部分が多く、幸夫は左斜め後ろから照明が当たるので、顔には明るい部分が少なくなっています。

A　2人の顔の明るさが違う2つの理由

立っている夏子は照明から距離が近く、椅子に座っている幸夫は照明から距離が遠い

2人へ当たる照明の角度の違い

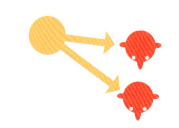

夏子には左斜め横から照明が当たるので、顔に明るい部分が多く、幸夫には左斜め後ろから照明が当たるので、顔に明るい部分が少ない。

キャッチライトの効果 ☞B

　この自宅のシーンで、2人の印象を左右しているのが瞳の輝きです。夏子の瞳には輝きがあることで快活に見えて、幸夫の瞳には輝きがないことで卑屈な感じに見えています。

　夏子の瞳にはキャッチライトが入ることで、黒目と白目がくっきりとなって、瞳の透明感が増して見えます。キャッチライトとは瞳に光源を映り込ませることを言います。

　夏子と幸夫の顔をそれぞれアップで映すショット（3分29秒〜）で、キャッチライトが夏子の瞳にはよく映り込み、幸夫の瞳にはあまり映り込まないことが分かります。

　これは2人の顔の向きの違いで起きています。夏子は顔を上げているのでキャッチライトが映り込みやすく、幸夫は俯いていて少し上まぶたを下げているため、映り込みづらくなっています。

B　キャッチライトの効果

夏子は顔を上げているのでキャッチライトが映り込みやすい。瞳に輝きがあることで、快活に見える。

幸夫は俯き少し上まぶたを下げているため、キャッチライトが映り込みづらい。瞳に輝きがないことで、卑屈な感じに見える。

対照的な2人の衣裳と背景 ☞C

　夏子と幸夫の印象の違いは、形も色も対照的な衣裳を着ていることもあります。夏子が着ているのは、身体にフィットをした黒いセーターと黒いパンツです。スリムな黒い衣裳を着た夏子が動く姿は、影絵のように観客の目を惹きつけます。

　幸夫が普段着の上に着ている散髪用のダボっとした白いケープは、てるてる坊主のような冴えないシルエットで、幸夫が夏子に対して虚勢を張り続けているみっともなさを強調します。

　夏子が家を出る前には背景でも2人の姿を対照的に見せています。夏子は扉から顔を覗かせて、幸夫に切った髪の毛の後片付けを頼みます。このときカメラは立っている夏子と、椅子に座っている幸夫を交互に映します。夏子はシンプルな白い壁が背景、幸夫は雑然としたリビングを背景にしています。

夏子側と幸夫側の色味の違い ☞D

　夏子が家を出てからは、夏子側は夜行バスに乗っての旅の道程、幸夫側は愛人と家で過ごす姿を交互に映します。このシークエンスでは、照明の色味で夏子が印象に

C　対照的な2人の衣裳／夏子が家を出る直前の背景の違い

夏子は黒い衣裳を着てシンプルな白い壁が背景、幸夫は白い散髪用ケープを着て雑然としたリビングが背景で、2人の印象を対照的に見せている。

残るようにしています。

夜行バス乗り場で夏子が親友と会うときと、夜行バス車内で夏子が親友と話しているとき、夏子にはアンバー系の照明を当てて、緑系の色になっている背景から、夏子の顔を浮き立たせています。

幸夫側は濃いアンバー系の単色になります。幸夫と背景を同じ色味にすることで、幸夫の印象は夏子と比べて弱められています。

色味の感覚をリセットする黒み ☞ D

この2人の行動を映すシークエンスの間には、黒地に小さく白文字で出る監督と俳優のクレジットを挟んでいます。このクレジットの背景の黒みは、観客の色味に対する感覚をリセットさせて、夏子側と幸夫側の映像の色味の違いをより明確に意識させることになります。

D　夏子側と幸夫側の色味の違い／色味の感覚をリセットする黒み

夏子は照明で緑の背景から引き立たせて印象を強めて、幸夫は背景と同じ色味にして印象を弱めている。途中で挟まる黒みは、夏子側と幸夫側の色味の違いをはっきりさせる。最後の早朝バス車内は、光の明暗の差で夏子の印象が強められている。

棒グラフの数字はショットの秒数（以下同）

光の明暗差が大きい、早朝のバス ☞ E

生きている夏子が出る最後のシーン（8分3秒〜）は、山の中を走る早朝のバス車内です。窓際の席に座る夏子の顔に太陽の光が薄らと当たって、夏子は目を覚まします。

このシーンでは映像からは色味が少なくなり、代わりに光の明暗の差が大きくなります。夏子の座る座席の列だけが明るく、その他の座席の列は暗くなっています。

この光の明暗差は、バスの窓にかかるカーテンを利用して作っています。夏子が座る列のカーテンにだけ隙間を作り、夏子には太陽の光が直接当たるようにしています。他の座席の列に座る乗客たちはカーテンを閉めているので、太陽の光は直接当たりません。

観客に強く記憶される夏子の顔 ☞ F

この早朝のバス車内のシーンは、3つのショットで構成されています。最初はバスの車内を夏子向けの引き画で映すショット、次は夏子が見ている窓外の風景のショットです。

そして、生きている夏子を映す最後のショット、夏子のアップになります。夏子の顔には太陽の光が直接当たり、顔の左半分を白くします。この夏子のアップは『永い言い訳』の全編を通して、最も光の明暗差が大きい、コントラストが強いショットになります。

人間の目は色より先に、光の明るい部分を知覚する特性があります。この特性により夏子が物思いに耽る、謎めいた表情は観客に強く記憶されます。

バス車内のロケ地

バス車内の引き画のショットでは、夏子が目を覚すのに合わせて、タイミング良く夏子に光が当たります。これは偶々、光が当たったのではなく、事前に太陽がどのように当たるのかを調べた上で撮影していたからです。

このバス車内のシーンは、設定では山道ですがロケ地は東京都港区、神宮外苑前の銀杏並木がある道路で夕方に撮影されました。バスが信号で止まらないで走れる真っ直ぐな並木道で、最初は車内には太陽の光が入らず、途中からは太陽の光が遮られない、という難しい条件を求めたためです。並木が必要なのは、木の影でバスが山の中を走っているように見せるため。夕方に撮影したのは、車内に光を差し込ませるには、太陽が斜光になる時間帯である必要があったからです。求める条件に合うロケ地を探すには柔軟な発想が必要なことを示す例になります。

E　光の明暗差が大きい、早朝のバス

夏子の座る列には、カーテンに隙間を作り太陽の光が当たるようにしている。他の座席の列はカーテンを閉めているので、光は当たらない。

湖沿いの山道を走るバスのロケ地

このバスの車内のシーンのあと、凍った湖沿いの山道を走るバスを映す広い引き画のショットは長野県の味噌川ダムで撮影しています。

映画でこのショットが使われるのは25秒ですが、西川監督に明確なイメージがあったので、スタッフは長野県だけでなく、群馬、栃木、山形、新潟と広範な範囲でロケ地を探しています。ロケ地探しは作品のイメージを決定づける大切な仕事です。

小説と映画

『永い言い訳』は西川美和監督の5本目の長編映画になります。4〜6年に1本のペースで発表してきた作品は、いずれも高い評価を受けています。小説が原案の『すばらしき世界』（21）以外は、西川監督がオリジナルの脚本を執筆しています。

小説家としても評価される西川監督は、自身の映画を3度小説にしています。『ゆれる』（06）と『ディア・ドクター』（09）は映画公開後の小説化ですが、『永い言い訳』では脚本の前に小説を書くことを試みています。

小説と映画では、冒頭の夏子が幸夫の髪を切る場面の始まり方が異なります。小説では幸夫が帰宅するのを夏子が待っている場面があります。この場面では、夏子の幸夫に対する複雑な心情が丁寧に描かれることで、読者に夏子の存在が印象づけられます。

この場面は映画でも撮影はしていますが、編集でカットされました。夏子の心情をすべて描かず、観客に想像させることを選んだことで、夏子は謎めいた存在として観客に強く記憶されます。

他にも小説では、映像で語る映画とは違い、丁寧に選ばれた言葉で登場人物たちの背景を含めて描かれています。言葉ですべての事象、世界を描く難しさと素晴らしさを知ることができます。

オーソドックスな編集

多くの映画のオーソドックスな編集の構成は、シーンの導入部には引き画のショットを使って、その場の状況を説明したあと、人物の寄り画のショットで物語、そのシーンの本題を見せていきます。

このオーソドックスな編集とは反対に、導入部に寄り画のショットを使って、そのあとに引き画のショットを使う、前置きをせずにいきなり本題に入るような構成があります。

F 観客に強く記憶される夏子の顔

夏子の顔には太陽の光が当たり、顔の左半分を白くしている。人間の目が色より先に光の明るい部分を知覚する特性が、夏子のアップを観客に強く記憶させる。

何度か登場している人物や場所ならば、観客も馴染みがあるので戸惑いは少なく済みます。しかし初見の人物や場所で導入部に寄り画のショットを使うと、観客にはどこで何をしているのか分からないことが起きがちです。そのため作り手は、観客を置いてけぼりにしないようにさまざまな工夫をします。

寄り画を導入部に使う編集

『永い言い訳』では、寄り画のショットを導入部にする編集を、そのシーンで見せたい本題、登場人物の関係性、人柄や考えていることを優先して描きたいときに使っています。このときに重要な役割をするのが音です。映像で本題を見せながら、音がその場の状況を説明したり、そのあとの展開に必要な伏線に使われています。ここからは4つのシーンの導入部での音の使われ方を例に挙げます。

『永い言い訳』の冒頭の映像と音 ☞G

1つめは冒頭、夏子が幸夫の髪の毛をカットしているシーンです。幸夫と夏子の人柄と夫婦関係を描くことを優先した、アップのショットを中心に使う構成で編集されています。

このシーンで大切な役割を果たすのが、TVがクイズ番組を放送している音です。映像が幸夫と夏子の顔を映しているとき、TVの音はその場の状況を説明し、さらにTVが映るショットでは観客にTVを注視させる伏線としても使われています。

状況説明をするTVの音 ☞G

このシーンの導入部は、幸夫の顔をアップで映すショットです。幸夫の不機嫌な表情は、観客に悪い第一印象を与えますが、なぜ彼の機嫌が悪いのかは分かりません。

G 『永い言い訳』の冒頭の映像と効果音

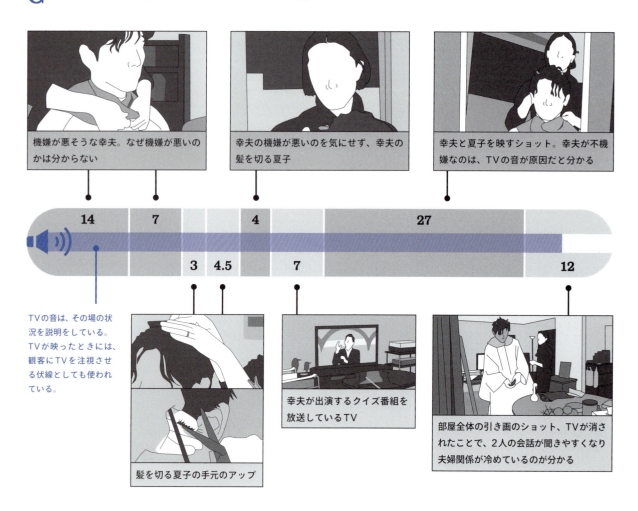

次は夏子の手元と顔をアップで映すショットになります。夏子は幸夫の機嫌が悪いことを気にせず、幸夫の髪の毛を切る準備をしています。

このときにTVの音がこの場の状況を説明します。夏子が散髪の用意をする音以外、TVの音しか聞こえないことから、ここが美容院ではなく彼らの自宅であることを想像させます。

TVを観客に注視させるTVの音

TVを映すショット（48秒〜）では、TVは幸夫が出演をしているクイズ番組を放送していることが分かります。

観客がクイズ番組に幸夫が出ていることに気がつけるのは、TVを映すショットの前まで聞こえる音を、幸夫の髪を切る音とTVの音だけにしているためです。限られた音を聞かされることで、観客はTVを意識して、TVが映るショットでは画面を注視して、幸夫がクイズ番組に出ていることにすぐに気づけます。

TVの音が消えることで生まれる疑問

TVを映すショットのあと、幸夫と夏子を映すショット（55秒〜）では幸夫の機嫌が悪いのは、夏子が髪を切りながらクイズ番組の音を聞いていることが原因なのだと分かります。

次の部屋全体を映す引き画のショットで、幸夫は立ち上がってリモコンでTVを消したことで、このシーンで聞こえる音は、髪を切る音と2人の会話だけになります。

ここで観客はなぜ幸夫は苛立ってTVを消したのかという疑問が生まれます。この疑問を解くであろう、幸夫と夏子の会話を集中して聞くことになり、2人が気詰まりな夫婦関係になっているのを知ることになります。

困惑する幸夫を描く導入部 ☞ H

2つめは夏子の事故の知らせを受けて、幸夫が山形県警の刑事から質問されているシーン（11分54秒〜）です。このシーンの導入部は、カメラがトラックバックをして後ろへ下がって、幸夫の顔を映すサイズがアップからバストサイズに変わるショットです。

突然の夏子の死に困惑している幸夫の表情に、刑事の質問をする声が重なることで、幸夫が自宅ではない場所にいることが説明されます。

H 困惑する幸夫を描く導入部

1 困惑している幸夫の顔のアップに、刑事の声が重なることで、幸夫が自宅ではない場所にいる状況が説明される。

2 幸夫がバストサイズになると、背景と向かいに座る刑事が映り、映像でも状況が説明される。

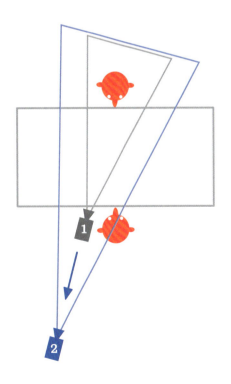

感情を表せない幸夫を描く導入部 ☛ I

3つめは幸夫がバス会社の遺族説明会に出席をして、夏子の親友の夫・大宮陽一に初めて会うシーン（20分35秒〜）です。導入部は、幸夫の横顔を映すアップのショットで、夏子が死んだのに悲しむことができず、感情をうまく表せない幸夫の様子を映します。このショットで、幸夫が遺族説明会に来ていることは、バス会社の社員が事故の状況を伝える声で説明されます。

幸夫と対照的な陽一を描く声 ☛ I

説明会場の引き画のショットでは、陽一は映像より先に音で登場します。会場に響き渡る陽一の雄叫びは、陽一の妻を失った悲しみの大きさを表現します。そして陽一が夏子の死を悲しめない幸夫とは、対照的な人間であることが分かります。

映像で最初に姿を見せると、人は外見からその人物を判断しがちですが、声を先に聞くとその声の主がどんな人物なのかを想像します。映像で陽一の顔をすぐ見せず、音で観客に彼のことを想像させたことで、陽一の悲しみと人柄は強い印象を残す構成になっています。

このあとバス会社の誠意のない説明に陽一が大声で怒りをぶつけるのを呆然と見つめる幸夫を映すショット（21分3秒〜）では、映像からも2人が対照的な人間であることが描かれます。

陽一の人柄を描く導入部 ☛ J

4つめは『永い言い訳』の大きな転換点になる、幸夫が行きつけのレストランに大宮家を誘って夕食を食べるシーン（31分7秒〜）になります。

導入部は陽一の顔をアップで映すショットです。陽一は居酒屋で生ビールを飲むように、ワインを一気に飲み干したあと猛烈な勢いで喋り始めます。ストレートに感情を表す陽一の人柄が映像と音からも描かれます。

このショットでは、周りにいる他のお客さんの声が聞こえますが、陽一が大声で話すので目立たず、この場所がどこなのかはまだ分かりません。

場所がどこなのかを示すのは、次の幸夫の顔をアップ

I　幸夫と対照的な陽一を描く導入部

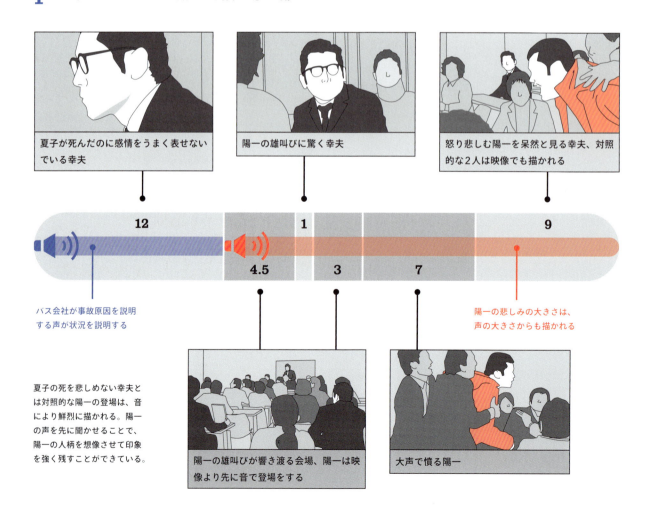

で映すショットです。幸夫の手前にワインボトルを持った店員の手が映り、陽一のワイングラスにワインを注ぐことで、この場所がレストランであることが分かります。

音で先に描かれる真平と灯　☞ J

この幸夫向けのアップのショットでは新しい登場人物、陽一の2人の子ども、真平と灯の声が聞こえます。陽一が遺族説明会で登場したときと同じように、音を効果的に使うことで彼らの人柄が描かれます。真平が灯を嗜める声からは、彼がしっかりした子どもであることを、灯の言葉にならない声からは、彼女がまだ幼いことを想像させます。

音楽が示す映画の転換点

この幸夫と大宮家の夕食のシーンは、使われる音楽が変わることからも、映画の大きな転換点になっていることが分かります。夏子が死んでからはピアノベースの寂しげな音楽が使われていますが、このシーンではギターベースの暖かい音楽が使われています。

幸夫と真平を映すツーショット　☞ K

『永い言い訳』では夏子が死んだあと、幸夫を単独で映すショットが多く、本心を誰にも言えない幸夫の孤独な心情が映像からも描かれます。

大宮家との夕食のシーンのあとは、幸夫と大宮家の誰か1人を一緒に映すツーショットを増やすことで、幸夫が新しい人間関係を築き始めたことが描かれます。

大宮家の中で、最初に幸夫とツーショットで映るのは真平です。そのきっかけになるのは、灯がレストランでアナフィラシキーを起こして、陽一が病院に連れて行ったあと（33分50秒〜）になります。幸夫と真平はタクシーに乗って大宮家に向かい、陽一と灯が病院から戻るのを待ちます。幸夫と真平をツーショットで映すシークエンスは、実景のショットを挟みながら11のショットを使って4分間ほど続きます。

J　陽一の人柄を描く導入部／音で先に描かれる真平と灯

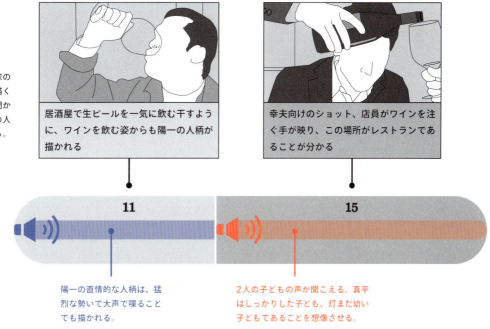

このシーンでの音は大宮家の子どもたち、真平と灯を描くのに使われる。声を先に聞かせることで、観客に2人の人柄を観客に想像させている。

居酒屋で生ビールを一気に飲む干すように、ワインを飲む姿からも陽一の人柄が描かれる

幸夫向けのショット、店員がワインを注ぐ手が映り、この場所がレストランであることが分かる

11　　　15

陽一の直情的な人柄は、猛烈な勢いで大声で喋ることでも描かれる。

2人の子どもの声が聞こえる。真平はしっかりした子ども、灯まだ幼い子どもであることを想像させる。

K　幸夫と真平を映すツーショット／親身になる幸夫を描く「甜め」

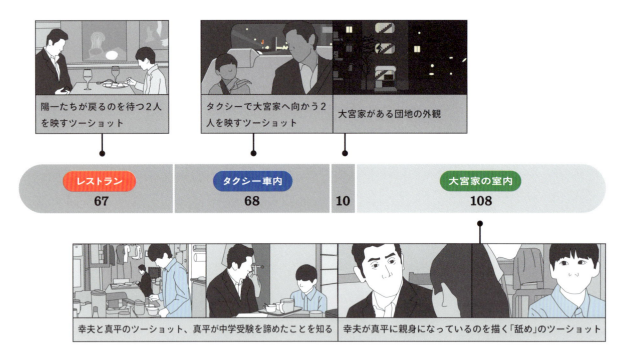

幸夫に真平をツーショットで映し続けることで、幸夫が新しい人間関係を築き始めたことが描かれる。

L　灯が懐く過程を描くツーショット

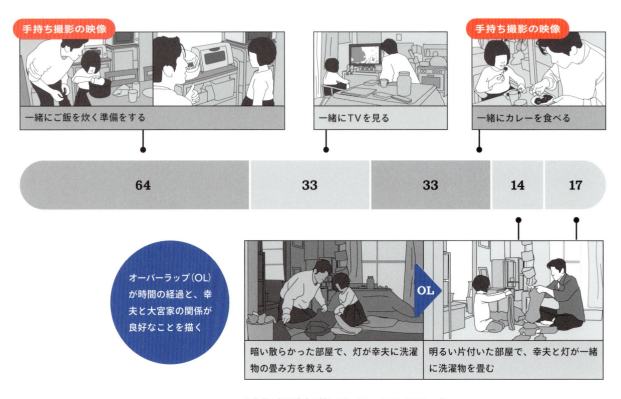

用心深い灯が幸夫に懐いていくシークエンスでも、幸夫と灯をツーショットで映し続けることで描かれる。

親身になる幸夫を描く「甜め」☞K

幸夫と真平が大宮家で、陽一と灯が病院から帰るのを待つシーン（36分13秒〜）では、カメラが幸夫と真平の撮り方を変えるきっかけがあります。

真平が母親を亡くしたことで塾に通えなくなり中学受験を諦めたことを、幸夫が知ったとき（37分11秒〜）です。このとき映像は引き画のツーショットから、話をしている相手の一部を手前に映す、「甜め」のツーショットに変わります。

幸夫が真平に対して親身になっているのは、望遠レンズの圧縮効果を使って、幸夫と真平の距離が近づいたように見せることでも描かれます。「舐め」については、『凶悪』の章（P36）、レンズについてはコラム（P55）で詳しく触れています。

幸夫は真平を気の毒に思い、真平が塾に行っている間は灯と留守番をすることを提案したことで、幸夫と大宮家との交流が始まります。

懐く過程を描くツーショット ☞L

用心深い灯が幸夫に懐いていくシークエンスでも、ツーショットが効果的に使われます。ツーショットを使うきっかけは、真平が塾へ行き、幸夫と灯が2人きりになったとき（50分36秒〜）です。

幸夫と灯が一緒にご飯を炊く用意をする、TVを見る、カレーを食べるなど、カメラはショットを変えながら3分弱、2人の姿をツーショットで映し続けて、灯と幸夫が互いに気を許していく姿を描きます。

手持ち撮影で描かれる内面 ☞L

真平のシークエンスでは、すべてのショットでカメラを三脚に据えて撮っていましたが、灯とのシークエンスでは撮り方が変わります。

灯のシークエンスの半分、ご飯を炊くときとカレーを食べるときのショットでは、カメラを手持ちにして撮ったことで映像の雰囲気が変わります。

幸夫と灯の表情や仕草に素早く反応をする手持ち撮影は、カメラマンが何を感じたのか、何を見てほしいのかが映像からは伝わり、2人の内面を可視化します。

オーバーラップ（OL）で描く時間経過 ☞L

灯のシークエンスでは編集で、幸夫と灯が過ごしている時間を長く感じさせる工夫をして、2人が気を許すまでに時間がかかることを描いています。

この灯とのシークエンスの最後は、幸夫と灯が洗濯物を畳む姿を映す、窓向けの引き画のツーショット（52分46秒〜）が2つ続きます。

1つめのショットは、幸夫の洗濯物を畳む手際は悪く、部屋は暗く散らかっているに対して、2つめのショットでは、幸夫の洗濯物を畳む手際は良くなり、部屋は明るく片付いています。この2つのショットをオーバーラップ（OL）させることで、幸夫が灯と過ごした時間の経過と、2人の関係が良好なことが描かれます。

手持ち撮影

三脚で撮るか、手持ちで撮るかで、映像の性格は変わってきます。簡潔に書くと、三脚では被写体を観察するような客観的な視点の映像、手持ちではカメラマンの意志、被写体をどのように捉えるか、主観が反映される映像になります。

これは三脚と手持ち、どちらが良いかではなく、撮れる映像の性格の違いを理解することで、映像表現をできる幅が広がることを意味します。

被写体の動きや内面の変化に合わせて、素早く反応をする手持ち撮影は、映像にダイナミックさと臨場感を与えて、観客の心を物語に引き込む力を持ちます。

手持ち撮影で気をつけることは、映像に第三者の視点ができることで、観客を白けさせることがあることです。これは被写体を撮るとき、このショットがどういう風に受け止められるか、誰にどう伝えるかという視点が欠けているときに起きがちなことです。

手持ち撮影はシンプルな撮影方法ですが、カメラマンの技量と物語への理解度が試されます。

ジャンプカットで描く時間経過 ☛ M

灯のシークエンスでは、時間経過があったことを感じさせる編集の工夫がもう1つあります。

幸夫と灯がご飯を炊く用意をするシークエンス（50分36秒〜）は元々は1つのショットですが、編集で4つのショットに分けて見せています。この編集の手法はジャンプカットと言い、見ている時間は短いのですが時間が経過していることを感じさせます。

幸生と大宮家の関係の決裂 ☛ N

大宮家で行われた灯の誕生パーティーのシーン（86分39秒〜）で、幸夫の発言が原因で大宮家との関係が決裂します。きっかけは幸夫と大宮家が、科学館に遊びに行ったときに出会った学芸員の鏑木（山田真歩）がパーティーに招かれていたことです。幸夫は自分の知らぬまに、大宮家と鏑木が接近していたことに疎外感を覚えて不機嫌になります。

再び孤独になる幸夫を描く編集 ☛ N

このシーンの途中では、引き画のグループショット、「舐め」のツーショット、そして幸夫を単独で映すアップのショットという順番で編集をして、次第に幸夫の周りから人が消えていくことで、幸夫が再び孤独になる姿が描かれます。

幸夫向けの全員が映る引き画のグループショット（90分49秒〜）では、幸夫がその場で浮いている姿が強調されます。酒に酔った幸夫が大宮家の人たちに攻撃的な発言をして、場の空気は気まずさが増していきます。幸夫が浮いていることは、他の人たちが白かグレイの明るい衣裳を着ているのに対して、幸夫だけが暗い濃紺の衣裳を着ていることでも感じられます。

続く3つのショット、陽一向けと幸夫向けの「舐め」のツーショット（91分35秒〜）では、幸夫は心配する陽一に対して喰ってかかります。幸夫が真平に心を開いていくシークエンスで使われた「舐め」のツーショットが、ここでは幸夫が大宮家に対して心を閉ざしていくのを描くのに使われます。

幸夫を単独のアップで映すショット（92分7秒〜）では、幸夫が他者に対して愛情を持てない自分を自覚して、孤独を深めていく姿が描かれます。このあと真平と灯も、それぞれ単独のアップのショットで映すことで、幸夫と子どもたちが築いてきた関係が、白紙になったことが映像からも表現されます。

M　ジャンプカットで描く時間経過

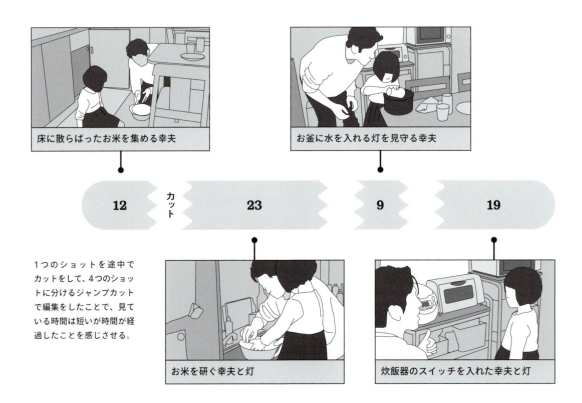

床に散らばったお米を集める幸夫

お釜に水を入れる灯を見守る幸夫

お米を研ぐ幸夫と灯

炊飯器のスイッチを入れた幸夫と灯

1つのショットを途中でカットをして、4つのショットに分けるジャンプカットで編集をしたことで、見ている時間は短いが時間が経過したことを感じさせる。

永い言い訳

N 再び孤独になる幸夫を描く編集

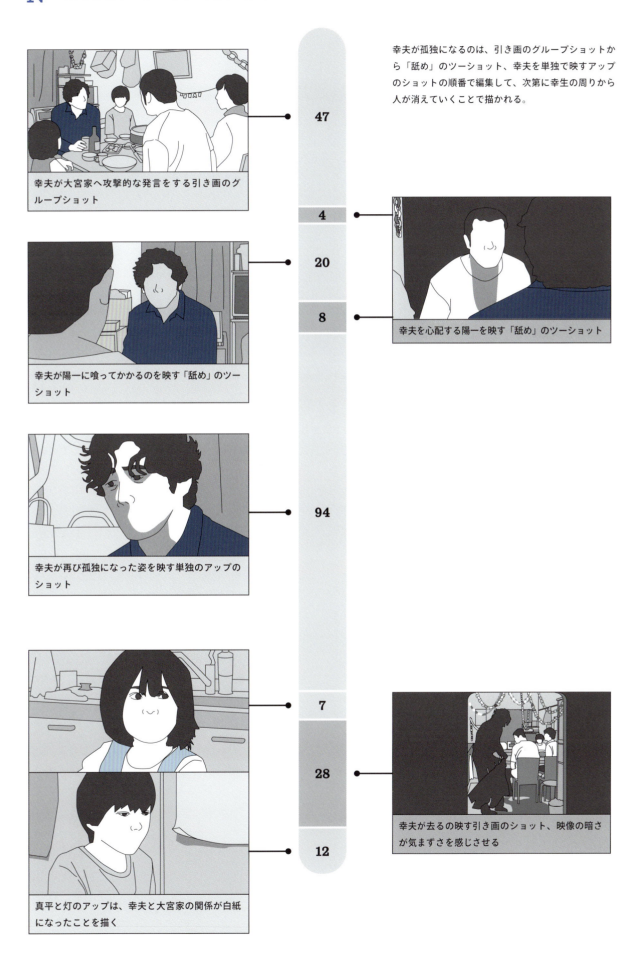

幸夫が孤独になるのは、引き画のグループショットから「舐め」のツーショット、幸夫を単独で映すアップのショットの順番で編集して、次第に幸生の周りから人が消えていくことで描かれる。

- 47 幸夫が大宮家へ攻撃的な発言をする引き画のグループショット
- 4
- 20 幸夫が陽一に喰ってかかるのを映す「舐め」のツーショット
- 8 幸夫を心配する陽一を映す「舐め」のツーショット
- 94 幸夫が再び孤独になった姿を映す単独のアップのショット
- 7
- 28 幸夫が去るの映す引き画のショット、映像の暗さが気まずさを感じさせる
- 12 真平と灯のアップは、幸夫と大宮家の関係が白紙になったことを描く

○ 3つの季節に分けて行われた撮影

幸夫を演じた本木雅弘さんは、夏編と冬編の撮影の間に体重を8kgダイエットして、再び孤独になった幸夫を体現している。

3つの季節に分けて行われた撮影 ☞ ○

『永い言い訳』は1年に渡る物語ですが、実際に3つの季節、春編の1ヶ月、夏編の2週間、冬編の12日間に分けて撮影をしています。

実景を撮影した期間を合わせると、撮影に1年近くかけたことで、季節によって太陽の光や景色が変化をするのが、映像から感じることができます。そして大宮家の子どもたち、真平と灯を演じた俳優たちは、1年の間に本当に目に見えて成長していきます。

長期間の撮影で得られる表現 ☞ ○

長期間の撮影で得られた表現は、特に冬編のシーン（97分51秒～）で感じられます。幸夫と大宮家の関係が決裂したことで、冬編では幸夫は再び孤独になり、大宮家の生活は荒れていることが描かれます。

幸夫を演じた本木雅弘さんは、夏編と冬編の撮影の間に体重を8kgダイエットしています。幸夫が自宅で洗濯物を畳んでいるとき、幸夫の顔をアップで映すショット（98分31秒～）で、頬がこけていることで分かります。

また冬編では幸夫と真平と灯の髪が伸びています。幸夫と大宮家が離れたことで、彼らの時間が停滞していることが、髪の毛の長さからも感じられます。この長くなった髪の毛は、ウィッグを使わずに自毛を伸ばしています。

ドキュメンタリーで培われた嗅覚

幸夫が大宮家との関係を取り戻したあと、幸夫の新しい本の出版記念パーティーで踊る陽一と真平を、幸夫がソファーに座って見ているショット（117分52秒～）は興味深い経緯で撮られています。

幸夫を演じる本木雅弘さんは出番ではなかったのですが、控え室に戻らず部屋の隅で2人のダンスの撮影を見ていました。撮影を担当した山崎裕さんが、本木さんの表情が良いことに気がつき咄嗟に撮ったものです。山崎さんが24歳のときから、ドキュメンタリー作品の撮影で60年培ってきた嗅覚が劇映画でも生かされたショットです。

見直される16mmフィルム

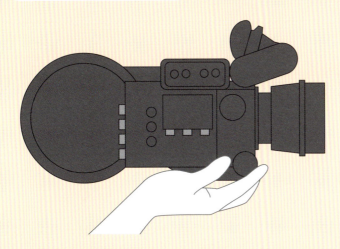

35mm用と比べて小型軽量な16mmフィルムカメラ

16mmフィルム

35mmフィルム

35mmと16mmは面積比で、およそ4倍の大きさの差がある（図は16：9）

　日本映画で使われるフィルムは2種類のサイズ、16mmと35mmがあります。数字はフィルムの横幅（サイズ）を表しています。『永い言い訳』では16mmフィルムを使ってフィルムカメラで撮影しています。

　16mmにはランニングコストが安いという利点があります。フィルムの価格は35mmのほぼ半額、カメラやレンズなど撮影機材も、35mm用と比べて小型軽量で安価です。そのため20年前ぐらいまでは、大量のフィルムが必要な記録映画や、予算のない映画などで16mmが使われていましたが、近年は風向きが変わってきました。

　日本では『高津川』（錦織良成／21）『ケイコ 目を澄ませて』（三宅唱／22）、海外では『Summer of 85』（フランソワ・オゾン／20）『Tove／トーベ』（ザイダ・バリルート／20）『復讐は私にまかせて』（エドウィン／21）『レッド・ロケット』（ショーン・ベイカー／21）などの作品で16mmフィルムが使われています。

フィルムの粒子の見え方の差

　フィルムの映像は拡大すると、小さな粒子（ハロゲン化銀）で作られています。この粒子の大きさは、フィルムの性能（フィルム感度）が同じなら、35mmと16mmは同じになります。

　35mmと16mmは面積比で、およそ4倍の大きさの差があります。16mmの粒子は映像で見るときには4倍拡大されて、粒子の存在が35mmより強く感じられます。

　昔はこの粒子は映像の鮮明を損なう欠点と見られていましたが、『永い言い訳』ではこの粒子をフィルムの質感がより感じられる利点と捉えて使っています。

　映画の作り手が粒子に拘る例は、アニメーション映画でもあります。スタジオジブリでは『ハウルの動く城』（宮崎駿／04）から、デジタル上映をする作品には映像にフィルムの粒子を載せています。さらにフィルム上映で起きる微妙な画ブレも加える複雑な工程を経て、フィルム上映の質感をデジタル上映で再現しています。

映像で見えるフィルムの粒子のイメージ

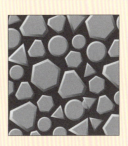

16mmフィルムの粒子

35mmフィルムの粒子

参考資料：Blu-ray『永い言い訳』／小説「永い言い訳」（西川美和作）／「映画にまつわるxについて」（西川美和著）『永い言い訳』パンフレット／「『永い言い訳』撮影報告」（山崎裕 映画撮影211号）／「撮影 山崎裕氏に聞く－映画『海よりもまだ深く』『永い言い訳』～キャメラマンとは、映画作品の文体を作る人～」Kodakメールマガジンvol.59／「スタジオジブリの撮影術 撮影監督・奥井敦の仕事のすべて 」（著 奥井敦／編著者 野崎透）／「ドキュメンタリー撮影問答」（辻智彦） 協力：山崎裕

CASE 06

親密さが増すのを見せる人物とカメラの位置

『ドライブ・マイ・カー』
監督 濱口竜介

原作:村上春樹「女のいない男たち」短編集より「ドライブ・マイ・カー」「木野」「シェエラザード」　脚本:濱口竜介　大江崇允
音楽:石橋英子　出演:西島秀俊　三浦透子　霧島れいか　岡田将生　イ・ユナ　パク・ユリム　ジン・デヨン　ソニア・ユアン　ペリー・ディゾン
アン・フィテ　安部聡子　撮影:四宮秀俊　照明:高井大樹　美術:徐賢先　装飾:加々本麻未　編集:山崎梓　録音:伊豆田廉明
リレコーディングミキサー:野村みき　スタイリスト:纐纈春樹　衣裳:古野世利香　ヘアメイク:市川温子　舞台監修:唐崎修
舞台監督:石田真由美　VFXスーパーバイザー:小坂一順　カラーグレーディング:北山夢人　監督補:渡辺直樹　大江崇允　制作担当:中川聡子
製作代表:中西一雄　定井勇二　共同製作:川村岬　松下幸生　奥村景二　中部嘉人　鈴木仁行　久保田修　五老剛
製作幹事:カルチュア・エンタテインメント　ビターズ・エンド
製作:ねこじゃらし　クオラス　日本出版販売　文藝春秋　レスパスビジョン　C&Iエンタテインメント　朝日新聞社　プロデューサー:山本晃久
アソシエイトプロデューサー:近藤多聞　制作プロダクション:C&I entertainment　配給:ビターズ・エンド　上映時間:179分
製作年:2021年　アスペクト比:1.85:1

濱口竜介監督が2024年までに撮った長編映画はドキュメンタリー映画が4本、劇映画が10本あります。2021年に公開された13本目の作品になる『ドライブ・マイ・カー』は、村上春樹氏の短編集「女のいない男たち」の一編「ドライブ・マイ・カー」を中心に、村上氏からの了承を得て「木野」と「シェエラザード」のエピソードを加えて脚本にしています。

俳優・舞台演出家の家福（かふく）悠介（西島秀俊）は、脚本家である最愛の妻、音（霧島れいか）と深く愛し合う生活を送っています。ある日、家福は出かける前、音から今晩帰ったら話せる？と言われます。深夜に家福が帰宅をすると、音は部屋で倒れています。そのまま音がこの世を去ったことで、音が何を家福に話したかったのか分からず、家福に秘密と喪失感を残します。

2年後、家福は演出家として招かれた、広島で開かれる演劇祭に愛車で向かいます。家福は2ヶ月間の広島滞在中、演劇祭の事務局からの要望で、愛車の運転を渡利みさき（三浦透子）に任せることになります。最初は抵抗した家福ですが、みさきの運転と寡黙さを気に入ります。

2人は信頼関係を築いていく過程で、互いに似た葛藤を持つことが明らかになり、家福は目を背け続けてきた音の死と向き合い始めます。

小説と映画で異なる音の描き方

原作の小説「ドライブ・マイ・カー」と映画『ドライブ・マイ・カー』は、どちらも家福の妻が残した、秘密と喪失感が物語の核となりますが見せ方は異なります。

小説では家福の妻は登場せず、名前も出てきません。妻の不倫相手だった高槻と何度もバーで会って話をするときと、みさきを聞き手にした会話の中で、家福が妻の話をすることで彼女の不在と謎を浮かび上がらせます。

映画『ドライブ・マイ・カー』（以下『ドライブ』）では、妻は姿を見せて、音という名前があります。観客は前半35分まで生きている音の姿を見たことで、家福の主観で語る音の話に違和感を感じて、家福が何かから目を逸らしていることを察知させます。

後ろから映すことで感じさせる違和感 ☞ A

音が生きているとき、家福と音が一緒に車に乗っている2つのシーンでは、車内で2人を映すとき、家福と音を後ろから交互に単独で映すショットを使って、2人の間にある違和感を、映像からも感じさせています。

最初は家福が音の仕事先のテレビ局まで送るシーン（3

A　カメラの位置で見せる車内での違和感

同じ撮り方を繰り返すことで、2人の間にある違和感を明確にする

1

2

**最初は家福が音の仕事先の
テレビ局まで送るシーン**

会話では仲の良い夫婦を後ろから映して顔をあまり見せないことで、違和感を作っている。

1

2

娘の法事へ行った帰り道のシーン

亡くなった娘の話を始める前に、後ろから映すショットに変えることで、娘を失って2人に言えないことができたことを匂わせる。

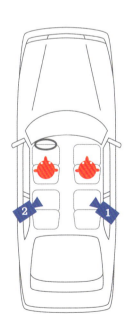

分57秒〜）になります。会話では仲の良い夫婦ですが、映像では2人の顔を後ろから映して顔をあまり見せません。話す内容と映像を噛み合わせないことで、違和感が作られています。

次は家福と音が、幼くして亡くした娘の法事へ行った帰り道のシーン（21分21秒〜）です。最初は正面からフロントガラス越しに、2人を単独のショットで映します。家福と音が娘の話を始める直前に、2人を後ろから映すショットに変えることで、娘を失ったことをきっかけに、お互いに言えないことができたことを匂わせます。

要所のシーンで使われるミックス光照明

『ドライブ』では多くのシーンで映像を自然光で撮ったように見せる、その場にある光源を生かして必要最低限の照明を足す、プラクティカル照明を使っています。

そして要所となるシーンでは、その場にある光源の色温度とは異なる色温度の照明を当てる、ミックス光照明を使っています。ミックス光照明が使われるのは、音が生きているときには、家福と音の間を分つ溝があるのを感じさせるシーン、音が亡くなったあとは、家福が無意識に目を背け続けてきた葛藤を意識するシーンになります。

娘の法事で使うミックス光照明 ☞ B

『ドライブ』で最初にミックス光照明を使うのは、家福と音がお寺で娘の法事をしているシーン（20分47秒〜）です。このシーンの中で、仏間に並んで座っている2人を横位置からバストサイズで映すショットがあります。2人の後ろと横からは障子越しの青系の色味の光が当たり、正面からはアンバー系の色味の照明を当てています。この時点ではこのミックス光照明が意図的なものかはまだ分かりませんが、このあと繰り返し使われることで意図が明確になっていきます。

愛し合う2人に当たる異なる色味の照明 ☞ C

次にミックス光照明が使われるのは法事のあと、家福と音が自宅のマンションへ夜に戻って、すぐにソファーの上で愛し合い始めるシーン（23分23秒）です。ここでのミックス光照明は、窓外から部屋全体を照らす青系の色味の照明と、室内にある2つのフロアーライトを光源にしたアンバー系の色味の照明になります。

2人が愛し合うのを見せるシーンですが、2人に異なる色味の照明を当てることで、家福と音が別々のことを考えているように見せるショットがあります。

抱き合う家福と音を、正面からそれぞれを映すショット（24分46秒〜）では、家福向けにはアンバー系の照明、音向けには青系の照明が当たっています。音向けのショットでは途中から、音がカメラ目線になることも加わることで、ミステリアスな印象を観客に与えます。

2人の間を分つ溝を描くミックス光照明 ☞ D

家福が仰向けになって、音が上に跨るのを俯瞰から映す引き画のショット（26分56秒〜）があります。

色温度

光の色は色温度の単位、K（ケルビン）という数値で表せます。6000Kを超えると青い色味、2700〜3000Kになると赤ほっい色味になります。自然光を例にすると、昼間の太陽光の色温度5000〜6000Kで白い光、曇りになると色温度6500Kで高く青い色味、日の出や日の入りの太陽光は1850Kで色温度は低く赤い色味になります。人間の脳は優れた調整機能があるので、光源の色温度が高くても低くても、人間の眼には白いものは白く見せています。この色温度、光源の色を無色化することを「色の恒常性」と言います。このため人間は日常生活では、色温度の変化に気がつきづらいのです。

カメラ側の色温度の設定値

映像の色味を意図した色再現をするためには、どの色温度の光を白く見せるのか、カメラを設定する必要があります。たとえばカメラ側の設定値を5500Kにすると、昼間の太陽光は白く、曇りの光は青っぽく、日の出の光は赤っぽく映ります。カメラ側の色温度の設定値には5500Kと3200K、中間の4300Kが使われることが多いです。

日常にある様々な光の色温度　K（ケルビン）＝色温度の単位

← 赤みが増す　　　　　　　　　　　　　　　青みが増す →

| 2000k | 3000k | 4000k | 5000k | 6000k | 7000k | 8000k |

| 日の出日の入りの太陽光 | 白熱電球 | 白色蛍光灯 | 日中の太陽光 | 曇り | 晴天日陰 |

B 娘の法事で使うミックス光照明

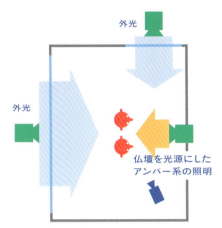

最初にミックス光照明が使われるのは、家福と音がお寺で娘の法事をしているシーンになる。

C 愛し合う2人に当たる異なる色味の照明

1 音には青系の照明が当たっている。

2 家福にはアンバー系の照明が当たっている。2人の間にある違和感を異なる色味の光を当てることで描いている。

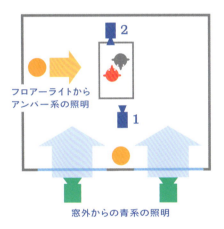

D 2人の間を分つ溝を描くミックス光照明

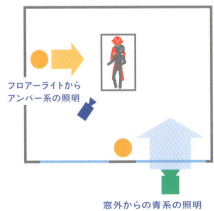

アンバー系と青系の照明の色味と明暗でフレームを分割することで、2人の間を分つ溝が何かあることを暗示する。

このショットでは、左側から当たるアンバー系の照明は、家福とフレーム左側のフローリングの床を照らしています。右側から当たる青系の照明は、音とフレーム右側のフローリングの床に敷かれた明るいグレーのカーペットを照らしています。

またこの2つの色味の照明の明るさは、アンバー系の照明は弱く、青系の照明は強いため、家福とフレームの左側は暗く、音とフレームの右側は明るくなっています。家福と音を境目にして、照明の色味と明暗でフレームを分割することで、映像からも2人の間を分つ溝が何かあることを暗示します。

音の存在を鮮明にするミックス光照明 ☞ E

音が亡くなって2年経ったあと、ミックス光照明が最初に使われるのが、家福が演出家として招かれた、広島で開かれる演劇祭に愛車で向かっている途中です。高速道路のパーキングで休んでいる家福の夢の中に、音が登場します。

自宅の机に座る音の後ろ姿と、音の口元、2つのショットで描かれるこのシーン（39分35秒〜）では、音にはデスクライトを光源にしたアンバー系、背景には窓外から青系の照明を当てて音を浮き立たせることで、家福にとって音の存在が今でも鮮明なことを見せます。

カメラが主体的に動く唯一のショット ☞ E

『ドライブ』は、カメラが動くことが少ない映画です。そしてカメラを動かすときは、被写体の動きをフォローするときと、登場人物の主観のショットを撮るときに限っています。

唯一の例外になるのが、家福の夢に音が登場するシーンで、机に座っている音の後ろ姿をカメラがトラックバックで後ろへ下がって映すショットです。2秒ほどの短いショットですが、被写体が動かないときにカメラを動かすことで音の存在感が強められています。

音と高槻のつながりを示すミックス光照明 ☞ F

広島で仕事を始めた家福の前に、音と不倫関係にあった高槻耕史（岡田将生）が現れます。高槻が登場するシーンでは、家福の触れてほしくない内面に高槻が触れて、家

E　音の存在を鮮明にするミックス光照明／カメラが主体的に動く唯一のショット

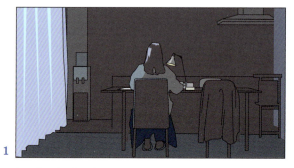

1　机に座る音の後ろ姿を、カメラがトラックバックで後ろへ下がって映すことで、音の存在感が強められている。

2　ミックス光照明で音の存在感を浮き立たせることで、家福の中で音の存在が鮮明なことを見せる。

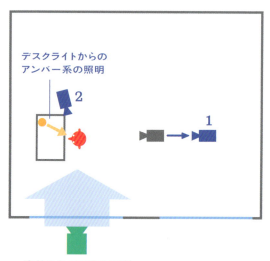

デスクライトからのアンバー系の照明

窓外からの青系の照明

福を苛立たせる役どころを演じるとき、ミックス光照明が使われます。

　高槻と音に共通したミックス照明が使われることからも、2人が深いつながりを持ち、そして高槻が物語のキーパーソンであることが示されます。

高槻が現れる前に使われるミックス光照明 ☞F

　高槻が広島に来る前に、ミックス光照明が使われるのが、家福が滞在する宿で俳優たちのオーデション用の資料を見ていて、高槻が応募していることを知り動揺するシーン（53分20秒〜）になります。

　家福へはデスクライトを光源にしたアンバー系の照明、窓外からは青系の照明を当てています。家福の動揺はミックス光照明を使うことでも強調されます。

胸騒ぎを感じさせるミックス光照明 ☞G

　高槻が広島に来てから、最初にミックス光照明が使われるのが、家福の車がある駐車場で高槻が家福を呼び止めて、自分が泊まるホテルのバーへ飲みに行くことを誘うシーン（69分34秒〜）です。

　家福に横から当たる照明と、高槻の斜め後ろから当たる照明は同じ青系ですが、高槻の背景の照明だけが黄色系の色味になっています。

　高槻を正面から映すバストサイズのショット（70分4秒〜）では、背景の黄色系の色味が高槻を浮き立たせつつ、笑顔を見せる高槻の顔を暗くして表情を見えづらくすることで、何か嫌なことが起きそうな胸騒ぎを感じさせます。

F　高槻が現れる前に使うミックス光照明

家福はオーデション用の資料を見ていて、高槻が応募していることを知り動揺する。ミックス光照明を使うことで、音と高槻につながりがあることが示される。

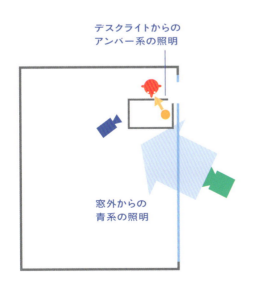

G　胸騒ぎを感じさせるミックス光

背景の黄色系の色味が、高槻を浮き立たせている。笑顔を見せる高槻の顔が暗いことで胸騒ぎを感じさせる。

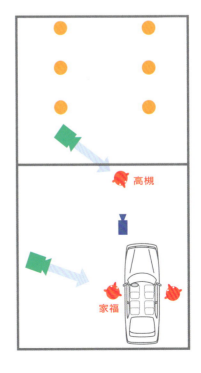

家福の苛立ちを描くミックス光照明 ☞H

　家福はバーで、高槻が無邪気に音の話を切り出したことに苛立ち、無意識に目を背け続けている音が残した謎を意識させられます。高槻が物語のキーパーソンであることが描かれるシーン（70分30秒～）になります。

　このシーンでは、家福と高槻のトップからは輪郭を強調するアンバー系の照明、顔の正面からは青系の色味の照明を当てる、ミックス光照明が使われています。高槻の会話に家福が苛立っているのは、他のシーンでは使われない、原色に近い濃い青系の色味の照明からも強調されます。

H　家福の苛立ちを描くミックス光照明

1

2

他のシーンでは使われない、原色に近い濃い青系の色味の照明を当てることで、家福の高槻への苛立ちが強調される。

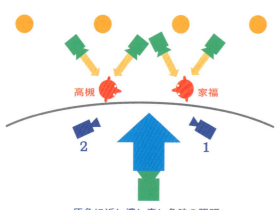

ミックス光照明と衣裳で色分けられる2人 ☞I

　高槻が登場するシーンで最後にミックス光照明が使われるのは、2人が再びバーで話をするシーン（115分47秒～）です。高槻は家福に自分が演じる役の役柄を掴めず焦っていることを相談しますが、家福は突き放すような答えをして高槻を困惑させます。

　このシーンで2人を正面から映すショット（116分55秒～）では、家福と高槻に当てる照明と背景に当てる照明で、2人を色分けをしています。家福と高槻のトップから当たる、2人の身体の輪郭を強調する照明の色味は、家福は青系、高槻はアンバー系にしています。背景に当たる照明も家福は青系、高槻はアンバー系の色味にしています。

　また、このシーンの衣裳は、家福は濃紺のジャケット、高槻は茶色のジャンパーで、照明と似た色味の衣裳を着ています。家福が高槻を突き放していることは、照明と衣裳を使って2人を色分けすることでも描かれます。

赤いルーフ付きのサーブ900への変更

　家福の愛車は、原作の小説「ドライブ・マイ・カー」では、黄色いコンバーティブルのサーブ900です。濱口監督は村上氏に手紙を出して、映画『ドライブ・マイ・カー』では赤いルーフ付きのサーブ900に変更することを了承してもらっています。赤を選んだのは、現実の風景の中では黄色が目立たないためです。ルーフ付きに変えたのは、オープンカーでは走っているときに起きる巻き込み風で、俳優たちの台詞を良い状態で録音するのが難しいためです。

車を使う撮影の制約

　録音に限らず、車内の撮影にはさまざまな制約があります。俳優の演技が見やすいカメラの位置は限られているので、単調な映像になりやすいです。照明も光を良い角度から当てられる位置が限られています。車が走る場所も背景を選んでいるので、どこで撮っても良いというわけではありません。『ドライブ』のスタッフは、脚本が意図することを読み解いて、丁寧な工夫をして俳優たちの感情の変化を映像からも描いています。

家福の座る位置を変えることで描かれる関係性

　『ドライブ』の上映時間179分のうち、車が走っているシーンは50分ほどあります。車内のシーンでは家福が車の中で座る位置は3回変わり、その度に家福と運転手の

I　ミックス光照明と衣裳で色分けられる２人

家福と高槻を突き放していることは、ミックス光照明と衣裳を使って、色分けすることでも描かれる。

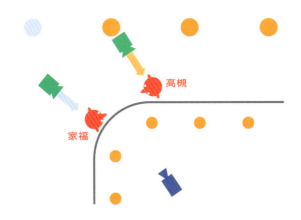

みさきの信頼関係が増していきます。この映像演出を濱口監督は脚本の段階から想定をしています。

そして家福の座る位置が変わるとき、カメラの置く位置も変えることで、映像からも家福とみさきの関係性の変化が描かれます。

みさきが運転する車に初めて乗る家福 ☞ J

家福がみさきの運転する車に初めて乗るシークエンス（47分41秒〜）で、家福が座るのは助手席の後ろで、お互いに相手を見ることができる位置関係です。家福はみさきの運転している姿を見やすく、みさきもルームミラーで家福を見ようと思えば見られます。

家福向けは、家福の顔を横から映すショット、みさき向けは家福の主観でみさきが運転する後ろ姿のショットです。家福がみさきの運転技術を見定めていることが、家福の主観のショットからも分かります。

主観のショットをなくすことで描く信頼 ☞ J

このシークエンスでは途中（50分42秒〜）から、家福とみさきの横顔をそれぞれ単独のアップで映すショットに変わります。家福が後ろからみさきの運転を見るのを止めて、彼女を信頼し始めたことは、家福の主観のみさきのショットがなくなったことでも感じられます。

J　みさきが運転する車に初めて乗る家福

A　家福がみさきを信頼する前

家福の主観のショットから家福がみさきの運転技術を見定めていることが分かる。

B　家福がみさきを信頼し始める

家福の主観のショットがなくなることで、みさきを信頼し始めたことが感じられる。

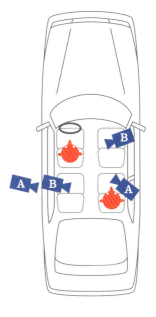

みさきを信頼したあと、家福が座る位置 ☞K

家福がみさきの運転技術を信頼したあと、次に座るのが運転席の真後ろになります。家福からはみさきの運転する姿が見えにくくなり、みさきもルームミラーで家福が見えにくくなります。2人がプライバシーを保ちながら、少しずつお互いを知り合える位置関係となります。

ここでのカメラを置く位置は、家福向けは家福を右斜め正面から映すショット、みさき向けはみさきを右斜め後ろから映す後ろ姿のショットになります。

K みさきを信頼したあと、家福が座る位置

家福がみさきを信頼したあと、運転席の真後ろに座る。お互いの姿が見えづらい、プライバシーを保てる位置になる。

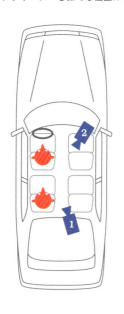

相手に対する興味を感じさせる顔の向き ☞L

家福が運転席の真後ろに座る位置で、カメラの位置が変わるときがあります。演劇祭のドラマトゥルク（舞台における職分）のコン・ユンス（ジン・デヨン）と、家福の芝居に出演をする俳優イ・ユナ（パク・ユリム）の家で、夕食を食べたあとの帰り道、お互いの身の上話をする家福とみさきのアップを、カットバックで交互に映すとき（90分3秒～）です。

このときカメラは、2人の横顔のアップを同じ向きで映す位置に変わります。2人がお互いに興味を持ち始めていることは、顔の向きを一致させていることからも感じられます。

みさきの変化を描く縦位置のツーショット ☞L

このシーンの終わりの方で『ドライブ』の車内では珍しい縦位置のツーショットがあります。手前にみさき、奥に家福を映すこのショット（92分42秒～）では、みさきの内面で大きな変化が起きていることが描かれます。

このショットで、みさきは運転中に初めて視線を前方から逸らします。最初はみさきが車の運転を上手い理由を話しているとき、家福が相づちを打つとみさきは横に視線を逸らします。次はみさきが話し終えたあと、家福が再び相づちを打つと今度はルームミラーをチラリと見ます。

みさきが家福の顔を見ようとする仕草は、家福のことをもっと知りたいという気持ちを感じさせます。そしてみさきが知りたい対象になる家福が、同じフレームの中にいることで映像からもみさきの気持ちが具体的に描かれます。

単独のショットを使う演出意図

『ドライブ』では車内のシーンに登場するのは、家福とみさき、高槻、コン・ユンスですが、なるべくツーショットを使わずに、単独のショットで撮るようにしています。

これは単独のショットを使い続けることで、誰と誰が話しているのかを観客に想像させ、そして自然に俳優を見ることに意識を集中させて、ちょっとした表情の変化を気づかせる、濱口監督の演出意図になります。

この演出が可能になるのは、ツーショットで位置関係を見せなくとも、車内ならどこに誰がいるのか位置関係を想像しやすいためと濱口監督は話しています。

L 相手に対する興味を感じさせる顔の向き／みさきの変化を描く縦位置のツーショット

1

2

家福とみさきの横顔のアップを同じ向きで映すことで、お互いに相手に対して興味をもち始めていることが感じられる。

3

『ドライブ』では珍しい車内でのツーショット。みさきが家福の顔を見ようとする仕草は、家福のことを知りたいみさきの気持ちを描く。

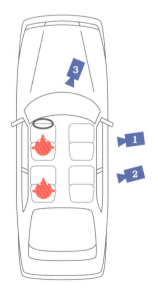

みさきへの信頼を表す、家福が座る位置　☞M

3回目に家福の座る位置が変わるのは、バーで高槻が家福に演技について相談をしたあと、高槻をホテルまで車で送るシーン（119分49秒〜）になります。家福の座る位置は助手席の後ろ、高槻は運転席の後ろに座ります。家福が座るのは、みさきが運転する車に初めて乗ったときと同じ位置ですが、2人の間に信頼関係ができたことで意味合いが変わります。

家福が音の秘密を話し始めたとき、高槻はみさきに話を聞かれることを気にしますが、家福はみさきは信頼できるから安心していいと伝えます。家福がみさきを信頼していることは、ルームミラー越しにお互いの顔を見やすい位置に座っていることからも分かります。

家福の視線から伝わる自信の喪失　☞MN

この家福と高槻が車内で会話をするシーンは13分弱の長さになります。最初は家福と高槻を斜め正面から映す、単独のバストサイズのショットです。2人を映すサイズとカメラの位置が変わるのが、家福が誰よりも音を理解していると思っていた自信を失っていくとき（123分59秒〜）になります。

家福と高槻の顔を映すサイズはアップになり、カメラの位置は2人の視線の軸線上、カメラ目線になる位置へ変わることで、2人の視線の動きが明確になります。高槻が視線を外さずに話し続けるのに対して、家福はたびたび視線を逸らします。家福が高槻の話す音についての話を受け入れたくない気持ちは、家福の視線の動きからも伝わってきます。

傷ついた家福を描く照明の明暗差　☞MN

このシーンでは家福と高槻へ当てる照明は、前半は同じような当て方をしています。窓外からの照明が2人の顔を縁取るように当たり、カメラからよく見える側の顔の明るさは薄暗くしています。

この照明の当て方が変わるのは、家福と高槻を映すサイズとカメラの位置を変えたときと同じタイミングです。家福に当てる照明は、窓外からの照明を当てたまま、手前から当てる照明を弱くして、顔を暗くしています。高槻に当てる照明は、窓外からの照明を消して、斜め正面から顔全体を明るく照らします。

2人の顔に明暗の差を作る照明は、家福は高槻に深く傷つけられて、高槻は家福に対して優位な立場になっていることを描きます。

M 家福の視線から伝わる自信の喪失 前半のカメラと照明の位置

1

前半の照明は家福と高槻には窓の外から、顔の形を縁取る同じような照明を当てている。

2

3

家福がみさきを信頼していることは、ルームミラー越しにお互いの顔を見やすいことからも分かる。

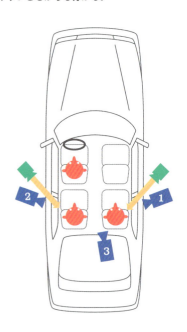

N 家福の視線から伝わる自信の喪失 後半のカメラと照明の位置

1

後半の照明は高槻の顔は明るくすることで、高槻が家福に対して優位な立場に立ち、家福の顔は暗くすることで、家福が高槻に傷つけられていることを描く。

2

カメラを2人の視線の軸線上に置いたことで、家福の視線を逸らす動きが分かりやすくなり、高槻の話を家福が受け入れたくないことが分かる。

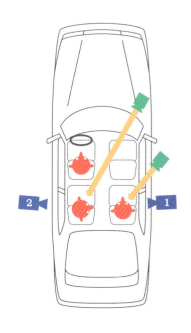

家福が助手席に座ることで、親密になる2人

　家福と高槻が車内で会話をするシーンは、家福が助手席に座る位置を変えるきっかけになります。車が高槻の泊まるホテルに着いて、高槻を車から降ろすため、家福も一旦車の外に出ます。

　自分を傷つけた高槻から早く離れたい家福は、車がすぐに走り出すことができる助手席に座ります。助手席は家福とみさきが直接お互いの顔が見えることで、より親密になれる位置になります。

　家福が助手席に座ったことで、2人の親密さが増すのが分かるのが、高槻と別れたあと高速道路で家福の滞在する宿へ向かうシーン（113分45秒〜）です。みさきは高槻が家福に話したことへの率直な感想を話し、家福は黙って聞き続けたあと、みさきに煙草を勧めて自分も吸い始めます。

家福の心が上向くのを描くカメラと光 ☛ O

　家福とみさきが煙草を吸い始める前と後で、2人の顔を映す向きとサイズが変わります。煙草を吸う前は2人の横顔を単独で映すアップ、煙草を吸い始めると正面から単独で映すバストサイズになります。バストサイズに画が広がったことで、アップのときの張り詰めた雰囲気がなくなり、映像からも緊張感が緩まることが感じられます。

　緊張感が緩まるのは照明が変わることからも感じられます。みさきが煙草の煙を逃すためにサンルーフを開けたことで、暗かった車内には水銀灯のオレンジ色の光が入り、家福とみさきの顔を明るく照らします。暗い映像から明るい映像に変わることでも、家福の気持ちが上向いていることが分かります。

O　家福の心が上向くのを描くカメラと光

A　煙草を吸い始める前

家福とみさきをアップで映し、照明を暗くすることで、張り詰めた雰囲気があることが映像からも感じられる。

B　煙草を吸い始めたあと

家福とみさきを映す画が広がり、照明が明るくなることで、張り詰めた空気が緩まることが映像からも感じられる。

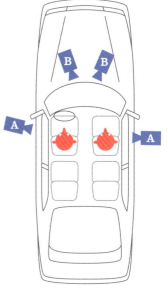

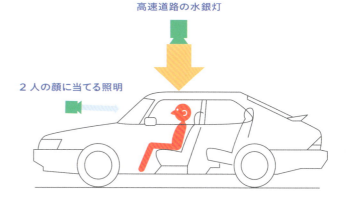

家福の手と並んで映るみさきの手の動きからは、寡黙なみさきの心の奥底にある微妙なニュアンスを感じることができる。

人の手が持つ表現力

このシーンの最後は、家福とみさきの煙草を持った手がルーフから仲良く並んで出て、背景には丸くボケた街の灯が光る幻想的なショットです。

みさきは寡黙で感情を表情に出すことはあまりないので、家福の手と並んで映るみさきの手の動きから、観客はみさきの心の奥底にある微妙なニュアンスを、表情よりも強く感じることができます。

人間の脳が人の手の動きに注目する度合いは、身体の他の部分に対して不釣り合いなほど大きくなっています。これは人間の手がとても豊かな表現力を持っているためです。『ドライブ』で手話話者のイ・ユナが、手話で会話をするシーンで見せる、手の動きで話を伝える表現の豊かさからも分かります。

仕事のドライブと個人的なドライブ

この家福とみさきが煙草を吸うシーンでは、2人がそれぞれの辛い過去を独白するのを撮っていましたが、このシーンでは使われていません。このあと2人が、北海道へ向かうドライブをするシークエンス（143分〜）の中で使われています。

使うシーンを変えた理由は2つあります。1つは家福と高槻の深刻な会話のシーンのあとに、煙草を吸うシーンで2人の過去の独白があると、重要なシーンが連続することになるので、家福と高槻の会話のシーンの印象が薄れることが避けられなかったためです。

2人の過去の独白の使いどころを10分ほど後ろにすることで、煙草を吸うシーンの見え方を軽くして、2つの重要なシーンを観客の印象に残るようにしています。

もう1つは北海道へ向かうシチュエーションが、仕事場と宿を往復する仕事のドライブから、個人的な旅のドライブへ変わったことです。個人的な会話をするシチュエーションは、仕事中のドライブではなく、個人的な旅をするドライブの最中が相応しいという判断です。

この変更は編集の段階で考えられたことです。違うシーン用に撮られた映像を、違和感なく観客が観られるのは、2人の衣裳の違いがわずかだったことと、使いどころに選んだシチュエーションが適切だったことを意味します。

参考資料：Blu-ray『ドライブ・マイ・カー』と特典映像／「女のいない男たち」（村上春樹作）／『ドライブ・マイ・カー』パンフレット／「カメラの前で演じること」「他なる映画と1」「他なる映画と2」（濱口竜介著）／「アジア交流ラウンジ イザベル・ユペール×濱口竜介」（東京国際映画祭YouTube）／「『ドライブ・マイ・カー』撮影報告」（映画撮影230号 四宮秀俊）／「『ドライブ・マイ・カー』濱口竜介監督インタビュー」（神戸映画資料館 吉野大地）／「『ドライブ・マイ・カー』で濱口竜介監督が拡張させた音と演技の可能性」（fan,s voice 立田敦子）／「しぐさ」の心理学」（J・ナヴァロ M・カーリンズ著／西田美緒子 訳）　協力：山﨑梓

COLUMN 02

物語の転換点で位置関係を変える映像演出
『アベンジャーズ／エンドゲーム』

映画では登場人物たちのフレームの中での位置関係を決めることで、登場人物たちの立場や印象を意味づけることができます。この位置関係を物語の転換点で変える映像演出は、さまざまな映画で見ることができます。『アベンジャーズ／エンドゲーム』（アンソニー・ルッソ／ジョー・ルッソ 19）で、位置関係が変わる映像演出が使われるのは、超常の力を持つインフィニティストーンの争奪戦が起きる最終決戦（138分11秒～）です。

『エンドゲーム』の最終決戦の位置関係

『アベンジャーズ／エンドゲーム』（以下『エンドゲーム』）では、スーパーヒーローたちのチーム・アベンジャーズが、宇宙最強の力を持つヴィラン（悪役）・サノスとサノス軍に戦いを挑みます。

位置関係と動線の向きは、アベンジャーズはフレームの左側、動線の向きは左から右、対峙するサノスはフレームの右側、動線の向きは右から左になります。圧倒的な戦力を持つサノスを右側に置くことで、右側が優位な立場であることが意味づけされます。

キャプテン・マーベルの登場で変わる位置関係

この戦いでは2回の大きな転換点があり、そのときにアベンジャーズとサノスの位置関係が変わります。1回めの大きな転換点は、サノス軍の巨大戦艦による上空からの爆撃でアベンジャーズが劣勢になったときです。

戦艦が突然地上への爆撃をやめて、右方向の空へ向けて大砲を撃ち始めます。この大砲を撃つ方向性からも、戦艦より大きな力が右側から現れることが示されます。右側の空から現れたアベンジャーズ最強の力を持つキャプテン・マーベルは、戦艦を一撃で撃沈して戦いの形勢を変えます。

アイアンマン VS サノス

2回めの大きな転換点は、サノスが戦いの途中でインフィニティストーンにより超常の力を得たあとです。このときのサノスの強さは、マーベルがサノスと戦ったとき、マーベルとサノスの位置関係が入れ替わらないことからも分かります。

マーベルさえ敵わないサノスを倒すのが、主人公の1人アイアンマンです。サノスは力の劣るアイアンマンに油断をした結果、インフィニティストーンを奪われて倒されます。

この2人が対峙をしたとき、アイアンマンの位置は右側で、サノスは左側にいる位置関係になっています。圧倒的な力を持つサノスの敗北は、アイアンマンと位置関係が入れ替わることからも暗示されます。

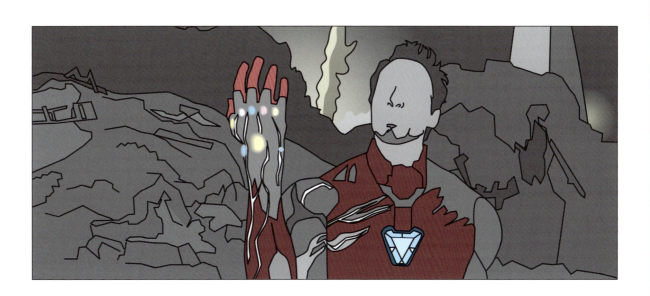

参考資料　『アベンジャーズ／エンドゲーム』Blu-ray

CASE 07

主人公の世界観を作り出す「美術」の力

『モリのいる場所』
監督 沖田修一

脚本:沖田修一　出演:山﨑 努　樹木希林　加瀬 亮　吉村界人　池谷のぶえ　光石 研　青木崇高　吹越 満　きたろう　林 与一　三上博史
撮影:月永雄太　照明:藤井 勇　美術:安宅紀史　装飾:山本直輝　編集:佐藤 崇　録音:山本タカアキ　音響効果:勝亦さくら　衣裳:岩崎文男
ヘアメイク:宮内三千代　特殊メイク:百武 朋　カラーグレーディング:高田 淳　VFXスーパーバイザー:小坂一順　キャスティング:南谷 夢
スクリプター:押田智子　助監督:安達耕平　制作担当:大田康一　音楽:牛尾憲輔　タイトル:鈴木亜弥　劇中画・題字:鈴木ルリ子
製作:新井重人　川城和実　片岡 尚　鷲見貴彦　宮崎伸夫　佐竹一美
『モリのいる場所』製作委員会(日活　バンダイビジュアル　イオンエンターテイメント　ベンチャーバンク　朝日新聞社　ダブ)
エグゼクティブプロデューサー:永山雅也　プロデューサー:吉田憲一　宇田川寧　ラインプロデューサー:濱松洋一　制作プロダクション:日活
ダブ　配給・製作幹事:日活　上映時間:99分　製作年:2017年　アスペクト比:1.85:1

『モリのいる場所』（沖田修一／18）は実在した画家の熊谷守一（山崎努）が晩年を迎えた94歳、1974年の夏の1日を描く映画です。世間からは「画壇の仙人」と呼ばれる守一は、東京の豊島区にある築40年以上経つ自宅から、60代以降はほとんど出ることなく過ごしています。一緒に住んでいるのは妻の秀子（樹木希林）だけですが、毎日のように姪の大江美恵（池谷のぶえ）が来て家事を手伝っています。

守一の家にある30坪ほどのジャングルのような庭は、守一の分身と言える存在です。守一は庭に生きる動植物をこよなく愛し、毎日その形態や生態をひたすら見続けています。そして夜は画室で庭で見た鳥や昆虫、猫や花などをモチーフに絵を描いています。

文化勲章の叙勲を断るなど、守一は地位や名誉への欲がない、変わった人だけれども仙人ではありません。守一が魅力的な人間であることは、彼の家に出入りする人たちとのエピソードを交えて描かれます。

守一の家のロケハン ☞ A

映画の撮影現場では各分野の専門職が働いています。この中で映画の実務的な仕事を担う、制作部の仕事の1つがロケハンです。ロケハンとはロケーションハンティング（英語では Location Scouting）の略で、脚本のイメージにあった撮影場所を探すことです。

『モリのいる場所』（以下『モリ』）の制作部は、守一の家のロケハンに頭を悩ませたと考えられます。求められた条件は古い平屋の家で、時代設定が1974年であることから、周りには現代的な建築物がないことです。そして毎日数十人のスタッフが働いても大丈夫なことです。

この難しい条件を満たす家を見つけたあとには、家の所有者の方との使用許可の交渉、撮影が終わったあとの家の現状復帰、撮影をする家の近隣に住んでいる人たちへの挨拶などの仕事があります。映画作りで脚光を浴びることはあまりない仕事ですが、制作部が環境を整えることで撮影をすることができます。

A　守一の家の平面図

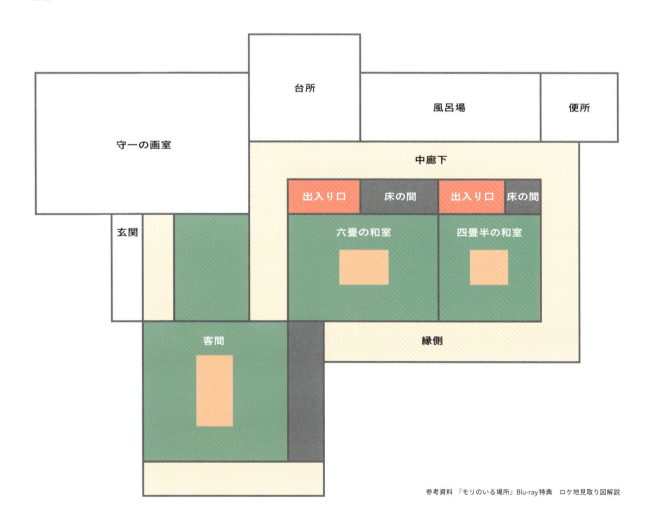

参考資料 『モリのいる場所』Blu-ray特典　ロケ地見取り図解説

2軒の家を借りた守一の家

『モリ』の家と庭は神奈川県の葉山にある、隣り合わせている2軒の家を借りています。一軒は「庭は狭いが、平屋造りの素晴らしい家」、もう一軒は「庭は広いが、周囲は現代建築に囲まれている家」、この2軒の間にある庭の垣根を外させてもらって、平屋造りで広い庭を持つ一軒の家に見せています。

中廊下から和室への出入り口　☞ B

守一の家の居間は、二間続きの和室（4畳半・6畳）になります。この和室にそれぞれあった押し入れは、家の所有者から許可をもらい、美術スタッフが中廊下から和室への出入り口に作り替えています。

『モリ』では家の中を多くの人たちが回遊するように動いているイメージがありました。この中廊下からの出入り口は、俳優たちが家の中を回廊のように循環できる動線を作り、イメージを具体化しています。

この中廊下からの出入り口は動線を作るだけでなく、カメラの置く場所を選びやすくして、絵柄のバリエーションを増やす、背景に奥行きを作るなど効果的に使われています。この中廊下から和室への出入り口は、『モリ』の映像演出の生命線と言えます。

守一の家の賑やかさを描く動線　☞ C

中廊下から和室への出入り口が、俳優たちの動線として使われているのがよく分かるのが、玄関向きの広い引き画で和室を見せるショット（21分5秒〜）です。

最初は誰もいなかった和室に、6人の人たちが右にある2つの中廊下からの出入り口、左にある縁側・奥の開けぱっなしにされた玄関から、フレームの中に出たり入ったりします。もし中廊下からの出入り口がなければ、このショットで描かれる守一の家の賑やかさは半減したはずです。

B　中廊下からの和室への出入り口

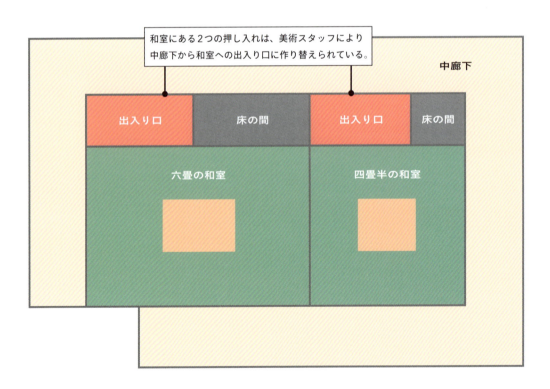

和室にある2つの押し入れは、美術スタッフにより中廊下から和室への出入り口に作り替えられている。

089

C　守一の家の賑やかさを描く動線

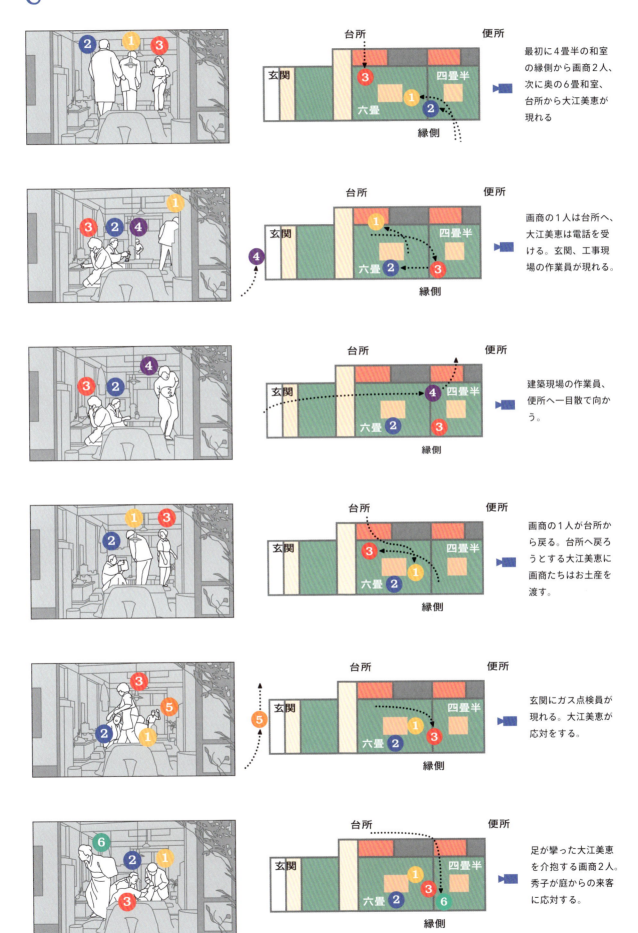

最初に4畳半の和室の縁側から画商2人、次に奥の6畳和室、台所から大江美恵が現れる

画商の1人は台所へ、大江美恵は電話を受ける。玄関、工事現場の作業員が現れる。

建築現場の作業員、便所へ一目散に向かう。

画商の1人が台所から戻る。台所へ戻ろうとする大江美恵に画商たちはお土産を渡す。

玄関にガス点検員が現れる。大江美恵が応対をする。

足が攣った大江美恵を介抱する画商2人。秀子が庭からの来客に応対する。

台所で食事を用意するシーン ☞ D

　中廊下から和室への出入り口が、映像には映っていないのですが効果的に使われているのが、守一の妻・秀子と姪の大江美恵が、台所で朝食と昼食と夕食の用意をしている3つのシーンです。

　朝食のシーンでは勝手口を背景にしたショット（4分7秒〜）、昼食のシーンではシンクとガス台を背景にしたショット（54分35秒〜）、夕食のシーンでは食器棚と冷蔵庫を背景にしたショット（77分38秒〜）にして、同じカメラ位置から撮らないようにすることで、絵柄のバリエーションを増やしています。

「引きじり」を作る出入り口 ☞ D

　この食事を用意する3つのシーンでは、中廊下から和室への出入り口は「引きじり」に使われることでカメラの置く場所を選びやすくしています。「引きじり」とは日本の映像業界用語で、カメラを後ろへ下げられる場所がある場合は「引きじり」がある、下げられる場所がない場合には「引きじり」がないと言います。

　出入り口が「引きじり」になったのは偶然ではなく、台所で食事を用意するシーンの撮影では「引きじり」が必ず必要になると考えて作られています。

D　台所で食事を用意するシーン／「引きじり」を作る出入り口

 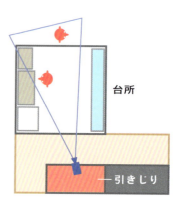

朝食、勝手口を背景にしたショット

 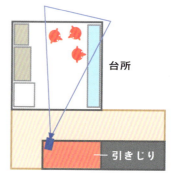

昼食、シンクとガス台を背景にしたショット

 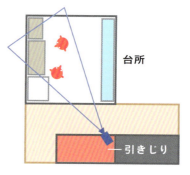

夕食、食器棚と冷蔵庫を背景にしたショット

「引きじり」があることで撮れたショット ☞ E

中廊下から和室への出入り口が、「引きじり」になることで撮ることができたショットは他にもあります。朝食後に4畳半の和室で守一と秀子が碁を打っているシーン（8分19秒〜）で、2人を庭向けの引き画で映すショットでも、「引きじり」があることでカメラを置きたい場所へ置くことができています。

もし「引きじり」がなかった場合、守一と秀子を映すショットを撮るには、カメラは2人に近づいて広角レンズを使うことになります。『モリ』では引き画のショットを撮るとき、自然な遠近感を持つ標準レンズが使われています。もし1つのショットだけに異なる特性を持つレンズを使うと、観客は映像から違和感を感じることになります。

映像の統一感 ☞ E

遠近感が強い広角レンズを使うと、カメラマンが映したいと考えている背景よりも広い範囲が映ります。この庭向けの引き画のショットの場合は、背景がゴチャゴチャとして映像が見づらくなることが考えられ、他のショットとの整合性がなくなり、カメラマンの考える映像の統一感が失われます。

この整合性は作品によっては必ずしも統一する必要はなく、意図的になくすことで映像に違和感を作って、物語の内容や人物の内面を表す、映像演出として使うこともあります。

E 「引きじり」があることで撮れたショット／映像の統一感

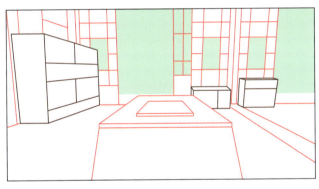
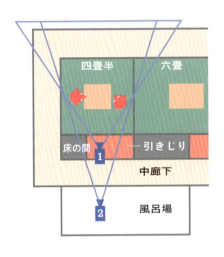

1 「引きじり」がないと、極端な広角レンズを使った遠近感の強い映像になり、背景もゴチャゴチャして他のショットとの統一感がなくなる。

2 「引きじり」があることで、風呂場までカメラの位置を下げられて、自然な遠近感で映像を映すことができている。

出入り口が作る映像の奥行き ☞F

　守一と秀子と美恵が、4畳半の和室で朝食を食べているシーンの中で、部屋の中向けで3人を映す引き画のショット（5分56秒〜）では、中廊下から和室への出入り口が背景になり、奥には風呂場が見えています。
　3人と背景に距離があることと、和室を明るく風呂場を暗くして光の明暗差を作ることで、奥行きのある映像になっています。この奥行きは守一の家を風通しがよく、住み心地の良い空間に見せています。もし背景に元の押し入れがあったままだと、映像からは奥行きがなくなり、和室は狭く住み心地の良くない空間に見えたはずです。

ソーセージの肉汁

　この朝食のシーンで3人を引き画で映すショットでは、歯のない守一がソーセージを食べやすくするため、木枠にキャンバスを貼る道具を使って、ソーセージを潰します。このときソーセージの肉汁が周囲に飛び散りますが、美術スタッフはどの食材が一番汁が飛ぶかを検証してソーセージを選んでいます。

便所の前での絵画論 ☞G

　守一の家の前に建設中のマンションの現場監督・岩谷（青木崇高）が、守一と便所の前の廊下で鉢合わせになるシーン（68分9秒〜）では、岩谷は持参した幼稚園児の息子が描いた絵を守一に見せて、息子には絵の才能があると思うかと聞きます。
　守一は岩谷に答える代わりに、自分の絵画論を話します。守一の顔をアップで映すショット（70分4秒）では、守一の横にある小窓から当たる光が、彼の顔を薄暗い中に浮かび上がらせて、カメラは下から煽って映すことで、守一を威厳のある姿に見せています。

場所が体現する守一の生き方 ☞H

　このシーンで、守一を威厳のある姿で映しながら話が堅苦しく聞こえないのは、守一と岩谷の位置関係、2人の体格の差、話をしている場所が理由に挙げられます。
　守一と岩谷を横位置から映すショット（68分33秒〜）では、椅子に座る小柄な老人の前に、大柄で強面の男が顔を強張らせて、正座をしてかしこまって話を聞いています。アンバランスな位置関係が面白く、観客の笑いを誘います。
　守一役の山崎努さんの身長は175cmありますが、劇中で守一はいつも姿勢が前屈みになっています。身長185cmある大谷との身長差が実際よりも大きく見えて、守一は小柄な老人に見えています。
　便所の前を話す場所に選んだことは、守一の地位や名誉への欲がない、型にとらわれない生き方を体現するとともに、守一の話を堅苦しく聞かせない理由にもなっています。

F　出入り口が作る映像の奥行き

3人と背景に距離があることと、和室と奥の風呂場に明暗差があることで、映像には奥行きがある。

元の押し入れがある場合、狭い部屋に見えて、光の明暗差も作れず、奥行きのない映像になると思われる。

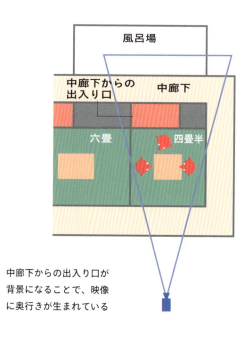

中廊下からの出入り口が背景になることで、映像に奥行きが生まれている

G 便所の前での絵画論

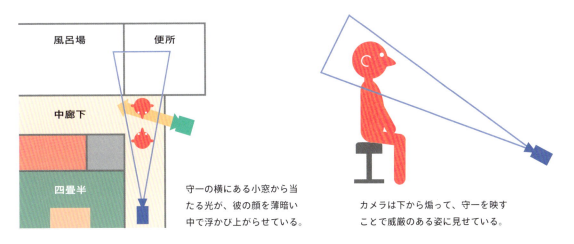

守一の横にある小窓から当たる光が、彼の顔を薄暗い中で浮かび上がらせている。

カメラは下から煽って、守一を映すことで威厳のある姿に見せている。

H 場所が体現する守一の生き方

椅子に座る小柄な老人の前に、大柄で強面な男が顔を強張らせて正座をしているアンバランスな位置関係が観客の笑いを誘う。

守一の世界に迷い込むような庭

守一の庭には美術スタッフがアジサイなどを植樹をして、守一が散策する小径や古い塀を作っていますが、元から自生している草木を剪定し過ぎないようにすることで、自然な姿を残す庭が生まれています。

2軒分の庭をつなげて作られた縦長の庭は、訪れた人が表門から縁側まで奥行きのある空間を歩くうちに、守一の世界に迷い込むようなイメージを作り出しています。

そのことを映像で体感できるのが、写真家の藤田武（加瀬亮）とアシスタントの鹿島公平（吉村界人）が、守一の写真を撮るために守一の家を訪れる様子を、カメラが彼らの後ろから手持ち撮影で追うショット（36分17秒〜）になります。

I 守一の世界に迷い込むような庭

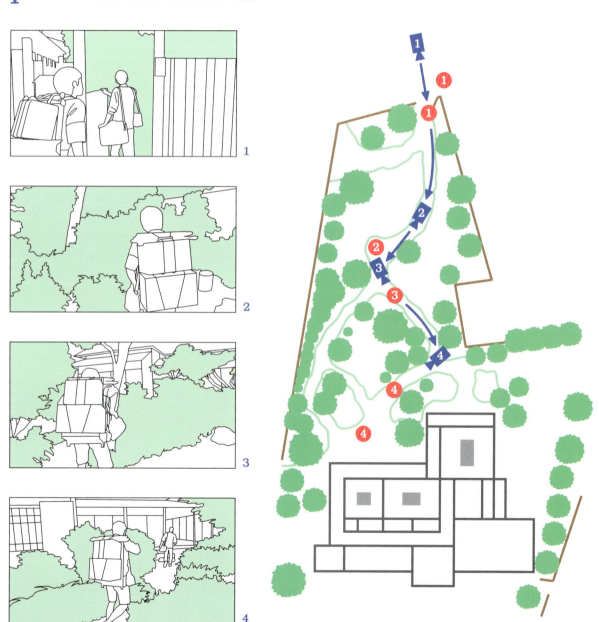

守一の家の庭が奥行きのある空間であることは、写真家の藤田とアシスタントの鹿島が、守一の家を訪れる姿を映すショットで体感できる。

参考資料 『モリのいる場所』Blu-ray 特典 ロケ地見取り図解説

J 『モリのいる場所』に登場する虫たち

『モリのいる場所』のロケ地には虫が豊富に生息しているので、劇中に登場する虫たちにはCGは使われていない。

美術の仕事が、俳優の役作りに与える影響

熊谷守一を演じた山﨑努さんと、妻の秀子を演じた樹木希林さんは、庭を見て「あの庭に一歩入ればモリの世界に入っていける、それだけで役に入れる」と話したそうです。美術の仕事が俳優の役作りにも大きな影響を与えていることが分かるエピソードです。

美術部は監督がどのように演出するのかを想定しながら、同時にカメラを置く位置も想定して、美術プランを考えています。日本では美術部の仕事について触れられることは少ないですが、美術部は監督が求める世界観を具体的にする重要な仕事です。作品ごとに異なるアプローチを求められるので、ルーティンワークでできる仕事ではありません。

プロダクションデザイナー

日本映画で美術（もしくは美術監督）とクレジットされるスタッフは、海外の映画ではプロダクションデザイナーとクレジットされています。

プロダクションデザイナーとは美術部のトップで、映画制作の初期構想の段階、プリプロダクションの頃から作品に関わります。監督が持つ映画へのビジョンを具体的にするのに最も適した人物として選ばれ、映画の世界観を構築するため、美術に必要なすべてのスケッチやドローイングを詳細に作成します。

他にアートディレクターという役職があります。アートディレクターはプロダクションデザイナーをサポートする美術部門のリーダーであり、プロダクションデザイナーが描いたスケッチやドローイングを設計図に置き換えて、プロダクションデザイナーと時には数百人になるスタッフとの間を取り持つ、実務的な役割を担います。

『モリのいる場所』に登場する虫たち ☞ J

『モリ』の家のロケ地がある葉山は、東京から離れているので、今でも虫が豊富に生息しています。守一の家にいない虫たちは、助監督がどこにいるのかを把握して、必要なときに採取してきているので、『モリのいる場所』に登場する虫たちにはCGを使っていません。

庭を散策する守一が、黒いアゲハ蝶を捕まえたあと離すシーン（12分〜）にもCGは使われていません。美術部が庭に小径を作ったことで、蝶の通り道（蝶道）ができて、毎日決まった時間にアゲハ蝶が飛んでくるようになったためです。

蟻を餌付けして作られた蟻の行列

『モリ』は全部で400ほどのショットで構成されています、そのうち庭にいる動植物を映すショットは30あります。この中で守一と庭の関係を見せる象徴的なショットが、映画冒頭で切り株の上で行列を作って歩く蟻を、守一がじっと見つめているショット（3分26秒〜）です。

このショットはたまたまできていた蟻の行列を撮影したものではありません。撮影隊の都合に合わせて、あっちからこっちへと動かすのが不可能な蟻たちを、助監督の1人、加藤拓人さんが蟻の研究者・吉澤樹里さんに協力を仰ぎ、蟻の習性を研究して根気よく蟻に餌付けをして、蟻の行列を作ることに成功したことで撮れたショットです。

芝居に合わせたピント送り ☞ K

守一が蟻を見つめているショットではピント送り（フォーカス送り、英語ではRack Focus）という、ショットの途中でピントが合っている位置を変えて、観客の視点を見てほしい位置へ誘導する技術が使われています。

このショットの場合、最初は手前を歩く蟻にピントが合い、背景にいる守一の顔にはピントが合っていませんが、途中から守一の顔にピントが合います。

フォーカス送りは、演技に合わせて送る必要があります。このショットでは、守一が眉間に少し皺を寄せて、蟻をより集中して見ようとするときになります。

撮影助手が、テストで守一がどのタイミングで演技をするのかを覚えて、本番の撮影では演技にピッタリのタイミングでピントを合わせることで、守一が蟻を凝視したことを映像からも感じることができています。

K 芝居に合わせたピント送り

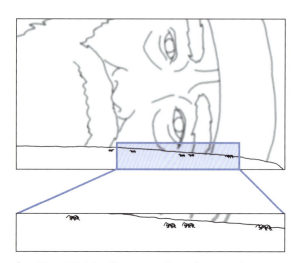

1 最初は手前を歩く蟻にピントが合い、背景にいる守一の顔にはピントが合っていない。

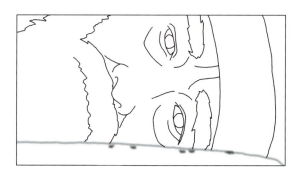

2 守一が眉間に皺を寄せたとき、守一の顔にピントが合う。守一が蟻を凝視したことが、映像からも感じることができる。

フォーカスプラー

　映画撮影で使うレンズには、ピントリングというピントを合わせるのための環があります。撮影助手はこのリングを操作して、被写体にピントを合わせます。日本ではこの仕事をする撮影助手をセカンドと呼んでいます。セカンドは演技を見ることを、もっとも学べるパートと言われています。海外ではフォーカスプラー（Focus Puller）、アメリカでは1st ACとも呼ばれています。日本ではセカンドはカメラマンになることを目標にして仕事をしていますが、アメリカではこの仕事を専門にしている人が大多数です。フォーカスプラーが撮影監督の指示のもと、撮影機材の特性や各ショットの演技、演出を理解して適切にピントを送るには、さまざまな専門技術が要求されるためです。

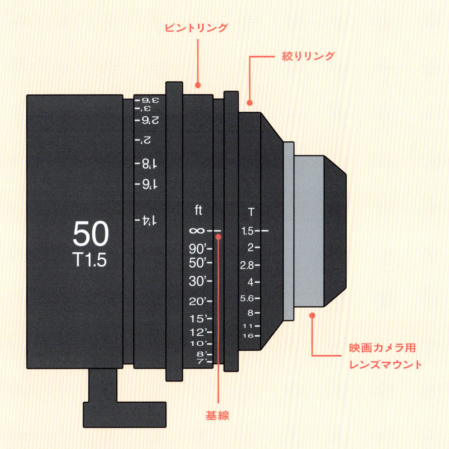

映画撮影用レンズ

　映画撮影用レンズには、耐久性のある金属製の外装、丈夫な映画カメラ用のレンズマウントが使われて、長期間の撮影での使用に耐えられるようになっている。写真撮影用のレンズとの大きな違いは使い勝手になる。スムーズに動かせるピントリングと絞りリング（クリックレス）が挙げられる。ピントリングには距離が表示されていて、距離の表示を基線に合わせるとピントが合う。

参考資料：『モリのいる場所』Blu-rayと特典／『モリのいる場所』パンフレット／「モリカズさんと私」（沖田修一／田村祥蔵／藤森武／山﨑努 著）「独楽―熊谷守一の世界」（藤森武）「仙人と呼ばれた男 - 画家・熊谷守一の生涯」（田村祥蔵作）／「独楽―熊谷守一の世界」（藤森武）／「俳優のノート」（山﨑努著）／「モリのいる場所 小説版」（小林雄次作）　協力：安宅紀史

CASE

08

言葉に出せない気持ちを語る
筋道の通った照明

『たそがれ清兵衛』
監督 山田洋次

原作：藤沢周平「たそがれ清兵衛」「竹光始末」「祝い人助八」　脚本：山田洋次　朝間義隆　出演：真田広之　宮沢りえ　小林稔侍　大杉 漣
吹越 満　深浦加奈子　神戸 浩　伊藤未希　橋口恵莉奈　草村礼子　嵐 圭史　中村梅雀　桜井センリ　北山雅康　尾美としのり　中村信二郎
田中 泯　岸 惠子　丹波哲郎　撮影：長沼六男　照明：中岡源権　美術：出川三男　美術監修：西岡善信　装飾：島村篤史　編集：石井 巌
録音：岸田和美　音響効果：帆苅幸雄　ステディカムオペレーター：金子雪生　特機：柳川敏克　衣裳：黒澤和子
ヘアメイク：久道由紀（宮沢りえ）　村松園美（岸惠子）　特殊造型：原田智生　殺陣・所作：久世 浩　夏坂祐輝　小太刀剣術指導：箕輪 勝
監督助手：花輪金一　制作担当：峰 順一　斉藤朋彦　音楽：冨田 勲　音楽プロデューサー：小野寺重之　主題歌：井上陽水「決められたリズム」
タイトル：熊谷幸雄　題字：中川幸夫　製作代表：大谷信義　萩原敏雄　岡素之　宮川智雄　菅 徹夫　石川富康
プロデューサー：中川滋弘　深澤 宏　山本一郎　製作協力会社：松竹　提携：日本テレビ放送網　住友商事　博報堂　日本出版販売　衛星劇場
配給：松竹　上映時間：129分　製作年：2002年　カメラ＆レンズ：Arriflex 535B, Zeiss Ultra Prime, Cooke Varotal Lenses
撮影フォーマット：35 mmフィルム（Kodak Vision 200T 5274, Vision 500T 5279）　現像：東京現像所　フィルムタイミング：福島宥行
アスペクト比：1.85：1

A　金髪の座頭市

暗闇のシーンでは金髪の方が映えるため、座頭市の髪の色を金髪にしている。

　北野武監督の初めての時代劇『座頭市』（03）は、ある宿場町に3組の旅人が流れつくことから始まります。1人は盲目でありながら居合い抜きの達人である座頭市（ビートたけし）、1組は浪人の服部源之助（浅野忠信）と病身の妻のおしの（夏川結衣）、もう1組は親の仇を探す旅芸者のおきぬ（大矢由祐子）とおせい（橘大五郎）です。ひょんなことでこの3組は知り合い、そして町を牛耳る銀蔵一家との闘いの幕が開きます。

　『座頭市』は北野監督作品に通底するテーマ、「暴力と死」をドライな目線で描きながら、ギャグを満載することで娯楽映画として成功しました。また農民が畑を耕す音、雨が岩を叩く音、大工が家を建てる音、人の足音、そして人を斬る音、これらの音が最後に民衆がタップダンスをするシーンへの伏線となる構成が見事な音楽映画でもあります。

勝新太郎さんと齋藤智恵子さん

　子母澤寛（しもざわかん）氏の随筆を原作にした映画『座頭市』シリーズは、1962年に初映画化された『座頭市物語』（三隅研次）から、1989年までに26作品が製作されました。主演俳優の勝新太郎さんは製作や監督としても携わり、勝さんにとって座頭市は代表作でした。

　北野監督の『座頭市』の企画者、齋藤智恵子さんは"浅草の女帝""伝説のママ"と呼ばれた人です。勝さんが1997年に亡くなったあと、勝さんの最大の支援者であった齋藤さんは、座頭市をなくしたくない思いから、他社の保有する座頭市の映像化権を買いました。そして齋藤さんを、「お母さん」と慕う北野武さんに監督と主演を依頼しました。

北野監督と東京・浅草　☞ A

　北野監督と東京・浅草の街は深い縁があります。浅草では芸人・深見千三郎さんを師匠と仰ぎ、芸術や舞台について教えられて、芸人として下積みをしていました。北野監督は『座頭市』の決闘シーンも、最後に民衆がタップダンスをするシーンも、大部分は師匠からの教えの成果と話しています。

　齋藤さんは北野監督に「たけしさんなりの座頭市、やってください。好きにやってください」と言いましたが、盲目と仕込み杖（刀が仕込まれた杖）という設定だけは守ってほしいと伝えました。北野監督はこの設定を守りながら、勝さんが演じた座頭市とは外見の違う座頭市にしています。髪の色は暗闇のシーンが多いので、金髪の方が映えるという理由で金髪にしています。

効果音による斬られる側の痛み

北野監督が浅草時代にチャンバラ・コントをした経験をもとに、殺陣師の助言を受けて考えた『座頭市』の殺陣は、斬られる側の痛みを描くことを目指しています。人が刀に斬られる効果音に、スパッというキレの良い音ではなく、グシュ、ブシュ、という鈍い音を使うのも斬られる側の痛みを描くためです。

斬られる側の痛みを感じさせる衣裳 ☞B

斬られる側の痛みは、衣裳が刀で斬られることでも表現されています。本当に刀で衣裳を斬ることはできないので、同じ生地と柄の衣裳で、斬れてない衣裳と斬れた衣裳を用意する必要があります。

斬られるショットを撮るときには、俳優に斬れた衣裳を着てもらい、CGを使って斬れてない衣裳に見せます。そして斬られた後にCGを使わないことで、本当に衣裳が刀で斬られたように見せています。

『座頭市』で使われた衣裳の生地

映画業界では同じ衣裳を2着用意することを、2番用意すると言います。『座頭市』で使われた衣裳の生地は、古い布や特別に織ってもらった反物を使っているので、同じ衣裳を2番用意するのは大変なことだったと思われます。

新しい生地と古い生地の衣裳が並ぶと違和感が出るので、新しい生地で作った衣裳は水を通したり油分を入れて、人の手を使った手揉み作業を経て着古した感じを出しています。

ボクシング

座頭市の俊敏な刀さばきとフットワークは、北野監督が中学生の頃から、ボクシングをしていた経験が活かされていると思われます。ボクシングのパンチは腕だけでなく、腰と肩を連動させて打ちます。この動きを殺陣で特に感じられるのは、座頭市が旅芸者のおきぬとおせいを救うため、扇屋で大立ち回りをするシーン（94分25秒～）です。

逆手持ちのデメリット ☞C

座頭市は仕込み杖を常に「逆手持ち」という持ち方をしています。刀の柄を持つとき、親指が鍔からもっとも遠くなる持ち方です。逆手という語感の通り、「逆手持ち」は実際の剣術ではあまり使われません。

通常の日本刀の持ち方は「順手持ち」と呼ばれています。日本刀は順手で持ったとき威力を発揮する構造になっているためです。

逆手持ちのデメリットは、刀の柄を握る手に力を入れづらいことです。相手の刀を受けたまま押し合う、鍔迫り合いでは押し切られてしまいます。また自分の拳が刀身よりも相手に近くなるので、刀のリーチを活かすことができません。メリットは抜刀をする速度が速いことだけです。

逆手持ちのデメリットを感じさせない殺陣 ☞D

『座頭市』の殺陣は、逆手持ちのデメリットを感じさせないようにしています。鍔迫り合いに弱いことは、相手の刀を受けずに斬っていく殺陣で解決をしています。そして殺陣の手順をシンプルにしたことは、座頭市の立ち合いをより早く見せます。

逆手持ちが刀のリーチを活かせないことは、殺陣を安全に出来るメリットとなります。自分の拳が相手に当たらない限りは、刀が相手に当たらないので、これを活かして相手との間合いをギリギリまで詰めています。映画で使用をする刀は、模造刀とはいえ相手に当たれば大怪我につながる危険なものです。

座頭市の間合いの近さ ☞D

逆手持ちの斬り方は、刀を上げるか下げるか、横に斬るかに限られます。『座頭市』では上げ下げをする斬り方を多くしたことで、刀の刃の向きが垂直になってより間合いが近くなっています。

居酒屋の的屋で、座頭市と服部源之助が互いの剣の力量を見定めるシーンがあります。座頭市が服部に近づきつつ、逆手持ちで素早く抜刀をして、順手持ちで抜刀しようとした服部を圧倒するショット（27分26秒～）は、逆手持ちを使う剣術の間合いの近さが分かります。

アニメーションや漫画での逆手持ちの使い手

アニメーションや漫画で有名な逆手持ちの使い手は、「ルパン三世」の居合の達人・石川五ェ門、「進撃の巨人」の人類最強の男・リヴァイ兵長、そして座頭市をモデルにしたと思われる「ONE PEACE」の盲目の居合の達人・イッショウがいます。デメリットが多い逆手持ちを使うのは、刀を構えたときのポーズが様になるからだと思われます。

B 斬られる側の痛みを感じさせる衣裳

斬られる前は斬れている衣裳を、CGで斬れてない衣裳に見せている。

斬られた後はCGを使わないことで、斬れた状態の衣裳に戻している。

C 逆手持ちと順手持ち

「逆手持ち」

「順手持ち」

D 逆手持ちのデメリットを感じさせない殺陣

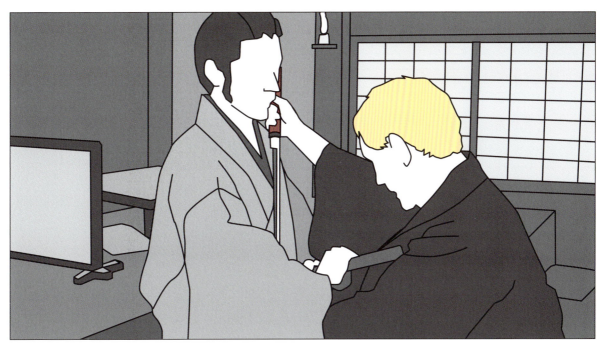

居酒屋で座頭市と服部源之助が、互いの剣の力量を見定めるショットでは、逆手持ちを使う剣術の間合いの近さが分かる。

短くした仕込み杖 ☞ E

この居酒屋でのショットはクライマックスへの伏線となります。終盤に座頭市と服部が砂浜で戦うシーン（97分25秒～）では、服部は抜刀を逆手持ちに変えて、座頭市の抜刀の速さに対抗しようとします。自信満々で戦いに挑んだ服部は、予想より遥かに速く抜刀をした座頭市に敗れます。

座頭市の抜刀の速さを支えるのが、服部が持つ日本刀よりも長さの短い仕込み杖です。『座頭市』では、勝さんが座頭市で使っていた仕込み杖（1m弱）よりも、5～6cm短くして抜刀をしやすくしています。

人間が自然に見ている感覚に近い撮影

『座頭市』以前の北野監督作品では、引き画の中で1つのシークエンスを見せることができればよいという、監督の意向もありショットは少なめでした。

撮影に使うレンズは、人間の見た目に近い視角の標準レンズ（35mmと50mm）、カメラの高さは極端なローアングルやハイアングルは使わず、人間の目線に近い高さを選んでいます。被写体とカメラの距離も、近づき過ぎず遠過ぎない一定の距離感を保っています。

人間が自然に見ている感覚に近い撮影方法が、「北野作品のトーン」を作る要素の1つとなってきました。

娯楽作品としての見せるショット ☞ F

娯楽作品として作られた『座頭市』は、表情や仕草を丁寧に見せるショットが多くなっています。表情ではおきぬ（吉田絢乃）とおせい（早乙女太一）の幼少期、大店の主人に囲まれそうになるおせいと、障子越しに見つめるおきぬのアップのショット（66分37秒～）などです。

仕草では冒頭のシーンで、座頭市を襲ってきたヤクザたちを返り討ちにするときのアップのショット、服部源之助が刀に手を置く手元のショット（27分13秒～）や、丁半博打のツボを単独で見せるショット（21分31秒～）などが挙げられます。

今までになかった
カメラアングルとカメラの動き ☞ G

今までになかったカメラアングルとしては、服部源之助と博徒の船八一家が野原で対決するのを、俯瞰から捉えたショット（76分48秒～）です。

また『座頭市』ではカメラを動すことも増やしています。この対決のシーンの最初のショットは、船八一家の親分を単独で映すショットから、カメラがトラックバックをして船八一家全員を映すショットはその1つです。

今までになかったカメラアングルやカメラの動きを加わえながら、日常風景のシーンでは今までの撮影方法を使うことで、『座頭市』からは一貫した「北野作品のトーン」が感じられます。

E　短くした仕込み杖

服部は抜刀を逆手持ちに変えて、座頭市へ戦いを挑むが、予想よりも遥かに速く抜刀をした座頭市に敗れる。座頭市の抜刀の速さを支えるのが、日本刀よりも長さが短い仕込み杖になる。

F 娯楽作品としての見せるショット

大店の主人に囲われそうになるおせい。

おせいを障子越しに見つめるおきぬのアップ。

G 今までになかったカメラアングルとカメラの動き

服部源之助と博徒の船八一家が野原での対決を俯瞰から捉えるショット。

1　船八一家の親分を単独で映すショット。

2　カメラがトラックバックをして、船八一家全員を映すショットになる。

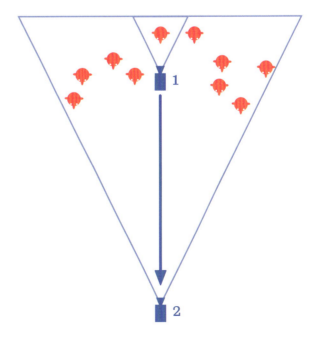

標準レンズで撮る近い間合い ☛ H

殺陣を撮るレンズには、座頭市には標準レンズ、服部源之助には望遠レンズが多く使われています。レンズの使い分けは、2人の間合いの違いを明確にします。

座頭市の殺陣は間合いが近いので、標準レンズを使って人間の見た目に近い自然な遠近感で映しても、間合いを遠く感じさせません。この自然な遠近感はその場に居合わせたような臨場感を映像に与えています。

間合いが近いメリットは、座頭市に斬られる側の身体を被せなくとも、刀で斬られたように見えることです。座頭市が扇屋で大立ち回りをするシーン（94分25秒〜）では、特にその効果を感じられます。

望遠レンズで撮る離した間合い ☛ I

服部の殺陣は斬り方のバリエーションが多く、刀を振る範囲も広いので相手との間合いを離しています。間合

H　標準レンズで撮る近い間合い

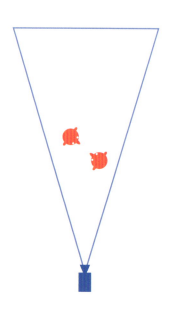

座頭市の殺陣の間合いは近く、標準レンズを使って自然な遠近感に映すことで、その場に居合わせたような臨場感を映像に与えている。

I　望遠レンズで撮る離した間合い

服部の殺陣は刀を振る範囲が広いので間合いを離している。離した間合いは望遠レンズの遠近感がなくなる効果を使って、映像では間合いを近く見せている。また服部に斬られる側の身体を被せるように配置することで、刀の切っ先が離れていても斬られたように見せている。

いを離す必要があるのは、模擬刀を誤って相手に当てないためです。離した間合いは、望遠レンズの遠近感がなくなる効果を使って、映像では間合いを近く見せています。

また服部に斬られる側の身体を、被せるように配置することで、刀の切っ先が離れていても斬られたように見せています。服部の殺陣では、冒頭に辻斬りをするショット（4分6秒〜）、船八一家の親分を斬るショット（78分9秒〜）などが挙げられます。これは他の映画の殺陣でも使われているオーソドックスな手法です。

『座頭市』の美術 ☞ J

時代劇は現代劇のように、衣裳やアクセサリー、髪型に化粧などで個性を出しづらい制約があります。『座頭市』では、美術と衣裳は色を巧みに使って、登場人物の個性を出して、映画の世界に厚みを作り出しています。

美術で色を使っているのを分かるのが、宿場町を仕切っている銀蔵一家と手を組む扇屋の家です。緑と赤を使って華やかにして、裕福さを演出しています。

J　『座頭市』の美術

扇屋の外観、緑と赤を使って裕福さを演出している。

扇屋の室内、外観と同様に緑と赤を使って裕福さを演出している。

居酒屋の的屋は木の焦げ茶をベースに、徳利や絵など小物に青を使っている。衣裳ではカウンターに座る常連客が青系の着物を着て、さりげなく統一感を出している。

『座頭市』で様々な人物が行き交う舞台となる、居酒屋の的屋は色を強く主張をしないことで、主要な登場人物たちの衣裳の違いに目がいきやすくなっていますが、さりげなく統一感を出しています。時代劇で多く使われている木の焦げ茶をベースに、徳利や絵など小物に青を使い、衣裳ではカウンターに座る常連客は青系の着物を着せています。

『座頭市』の衣裳 ☞K

『座頭市』の衣裳で目を引くのが、登場するヤクザ一家の着物を、シチュエーションに合わせて選んでいることです。映画の冒頭、座頭市を街道筋で襲うヤクザたちには、セピア系のくすんだ着物を着せて街道の埃ぼっさを表しています。

宿場町を牛耳る悪党の扇屋（石倉三郎）と銀蔵一家の子分たちは派手目な着物になっています。特に親分の銀蔵（岸辺一徳）は凝った羽織を着まわして、羽振りの良いことを見せています。また『座頭市』では女性の登場人物が少ないので、旅芸者のおきぬには青、おせいには赤を基調にした着物で華やかさを演出しています。

K　座頭市の衣装

街道筋で座頭市を襲う、ヤクザたちの着るセピア系のくすんだ着物は、街道の埃ぼっさを表している。

旅芸者のおきぬの青、おせいの赤を基調にした着物は、女性の登場人物が少ない『座頭市』で華やかさを演出している。

悪党の扇屋と銀蔵一家の子分たちは派手目な着物を着ている。特に親分の銀蔵は凝った羽織を着まわして、羽振りの良さを表している。

L　銀残しの効果

「銀残し」を使うと、独特の渋い色彩表現が得られる。映像は彩度が低く、コントラストは高くなることで黒が引き締まる。

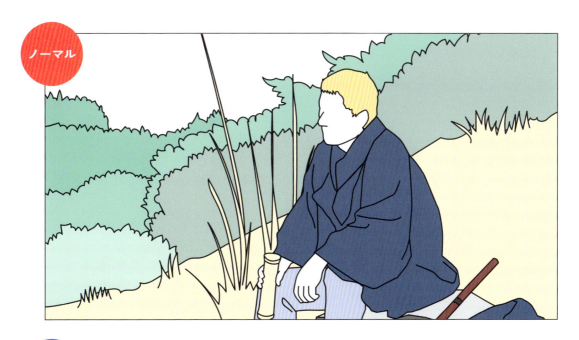

特殊なフィルム現像「銀残し」☞ L

　フィルムで撮影をした『座頭市』では、フィルム上映用プリントに使うカラーポジフィルムに「銀残し」という特殊な現像を施しています。「銀残し」を使うと、独特の色彩表現が得られます。映像の彩度が低くなることで渋いトーンになり、コントラストが高くなることで黒が引き締まります。

　「銀残し」は『座頭市』の時代性（江戸時代末期ぐらい）を表現するために使われています。北野監督作品としては多く使われている色を馴染ませて、殺し合いの荒んだ感じを出して、殺陣のシーンで飛ぶ血飛沫の生々しさを消しています。

　ネガフィルムの段階で銀残しを行うと、ハイライトが強調された淡いトーンの映像になります。本書で取り上げている『たそがれ清兵衛』では、映画のタイトルが出るまでの冒頭でネガフィルムへの「銀残し」を行なっています。「銀残し」については、この章の最後（P123）で詳しく説明します。

服部の過去を描く映像の明暗 ☞K

　服部源之助が浪人になったきっかけを回想を交えて見せるシークエンスは、服部が浪人になっている現在パートは暗い映像で描かれます。回想パートで武士として士官をしていた服部が浪人になっていく過程は、明るい映像を徐々に暗い映像に変えることで描かれます。映像の明暗は、照明の当て方と背景の見せ方、日向と日陰で作っています。

服部の現在の境遇を見せる黒 ☞K

　この回想への導入部では、銀残しにより引き締まった黒が効果的に使われています。黒という色はスクリーン上にまったく光のない部分を作るので、スクリーンに映ったときには、色というより穴のように見えます。物語の流れの中で上手く使うと、生気を奪ってしまう、死を匂わすなど、ネガティブな印象を与えることができます。

　旅籠の部屋の隅に座り、物思いに耽る服部のアップ（29分37秒〜）では、背景の見え方の変化を使って回想の導入部にしています。カメラはフレームのセンターに服部を捉えながら横へ移動して、服部の背景を焦げ茶の板壁と白い障子から、焦げ茶の板壁だけに変えます。

　服部の背景の焦げ茶の板壁は、銀残しの効果に加えて、照明を弱く当てることで黒っぽく見せています。黒く見える板壁は、人殺しも厭わない裏の世界に生きる服部の現在の境遇を表します。

服部の過去を見せる白 ☞K

　回想の始まりは、服部が御前試合で乱暴な剣術を使う浪人に無様に負けるシーン（29分45秒〜）です。服部の顔には無精髭はなく、額から頭の中央にかけて剃り上げた月代（さかやき）が顔立ちを凛々しくしています。

　白壁に囲まれた白っぽい地面、太陽の光などで眩い明るさの映像は、服部が仕官をして表の世界にいた頃を表します。

旅籠屋での服部の背景の変化 ☞K

　ここでシーンは一旦、現在の旅籠の部屋の隅に座る服部のアップに戻ります。焦げ茶の板壁だけになっていた服部の背景は、白い障子と焦げ茶の板壁に戻っています。障子の白さは、服部が過去に思いを馳せていることを見せます。

回想シーンの中での光の変化 ☞K

　再び回想に戻り、服部が妻のおしのを伴って、御前試合の屈辱を晴らすために浪人を探す旅に出て、浪人の家に辿り着くまでを描きます。このシークエンスの光は、4つのパートに分けることができます。

　最初は服部はおしのを伴っての旅の途中、お屋敷の前にいる門番に服部が浪人のことを尋ねる、広い引きの画のショットのみのシーン（32分17秒〜）です。服部がまだ表の世界にいるのは、日向にいることからも分かりますが、周りには日陰が増えてきています。

日陰の中を歩く服部 ☞K

　服部がおしのを待たせて裏路地にある浪人の家へ向かう広い引きの画のショット（32分40秒〜）では、それまで日向にいた服部が日陰の中を歩くことで、彼が裏の世界へ足を踏み入れていくことを見せます。

服部の行き場のない怒りを表す暗い映像 ☞K

　次は浪人の家の中のシーン（33分9秒〜）です。服部はようやく探し当てた浪人が、屈辱を晴す相手に値しないことを知ります。服部が行き場のない怒りで苛立っていることは、一連の回想シーンの中で、もっとも暗い映像になっていることからも分かります。

　おしのは浪人の家から出てきた服部の様子から、武士の意地を見せられなかった無念を知ります。コントラストのないフラットな映像は、服部の旅が徒労に終わったことを知らせます。

K 服部の過去を描く映像の明暗

服部が浪人になっている現在パートは暗い映像で描かれる。回想パートで武士として士官をしていた服部が浪人になる過程は、明るい映像を徐々に暗い映像に変えることで描かれる。

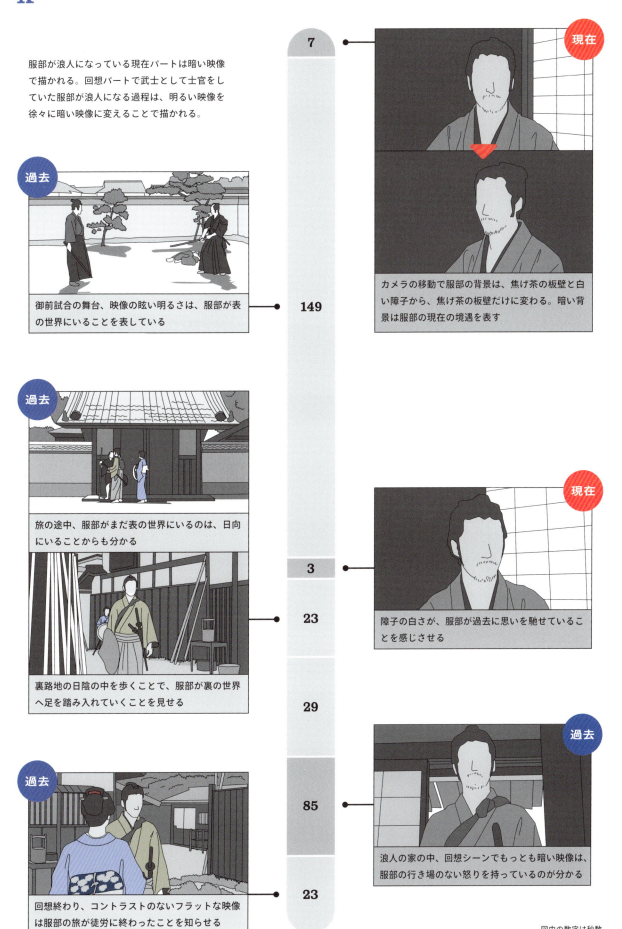

図中の数字は秒数

総元締めの不気味さを描くドリーズーム　L

　物語の終盤、悪党たちの総元締めとして意外な人物が現れます。このシーンの中の総元締め向けのショットで、映すサイズの大きさはバストのままで、背景だけが迫ってきたり遠のいて見える、不思議なショット（106分58秒〜）は総元締めの不気味さを映像からも描きます。

　この不思議な効果は、ドリーズーム（Dolly Zoom）と呼ばれるものです。適切なタイミングで使わないと映像だけが目立って映画を台無しにします。

ドリーズームで使う撮影機材　L

　ドリーズームを行うのに必要な撮影機材はドリー（移動車）とズームレンズです。ドリーはトラックアップとトラックバックをすることで、カメラは被写体に近づいたり遠のいたりして、被写体を映すサイズを大きくしたり、小さくすることができます。ズームレンズはズームインとズームアウトをすることで、被写体を映すサイズを大きくしたり小さくすることができます。

　ドリーズームで背景が遠のいていくように見せたいときには、ドリーはトラックアップをして被写体を映すサイズを大きくして、ズームレンズはズームアウトをして被写体を映すサイズを小さくします。同時に相反する２つの動きをしながら、被写体を映すサイズを変えないようにするのがドリーズームです。

　ドリーズームは『めまい』（アルフレッド・ヒッチコック／58）で、高所恐怖症の男が鐘楼を登っているときに男がめまいに襲われているのを、映像で表現するショット（76分〜）で使って以来、様々な映画で使われてきた撮影技術です。

L　総元締めの不気味さを描くドリーズーム

ドリーはトラックアップ／ズームレンズはズームアウト

ドリーはトラックバック／ズームレンズはズームイン

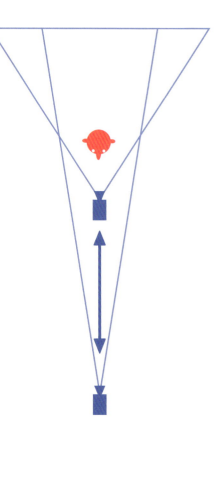

銀残しとは

銀残しの工程

「銀残し」とはフィルム現像の過程の1つ、漂白（ブリーチ）を意図的に省いてフィルムに黒化銀を残すことです。通常のカラーポジフィルムの工程では、フィルムに塗られているハロゲン化銀は、発色現像処理で黒化銀になり、カプラーを色素に変化させたあと除去されます。

「銀残し」は現像所ごとのノウハウがあり、同じ撮影条件でも微妙に異なる結果が出ます。海外では SkipBleach、CCE、ACE、ENR などの呼称で呼ばれています。漂白を途中で終わらせて、黒化銀を残す量を調節して、彩度やコントラストを調節する方法もあります。

日本発の技術

「銀残し」は日本発の技術です。『おとうと』（60）で市川崑監督と撮影の宮川一夫さんが、映画の舞台となる大正時代を色彩で表現することを目的として生まれました。現像を担当する東京現像所（23年11月事業終了）に、「全体は白黒に多少色彩を感じる程度で、狙った色彩だけは鮮明に表現する方法はないか」と相談を持ちかけて、プリントを担当するタイミングマンの當間章雄さんが試行錯誤をした末に生み出したものです。

カラーポジフィルムの現像工程（略図）

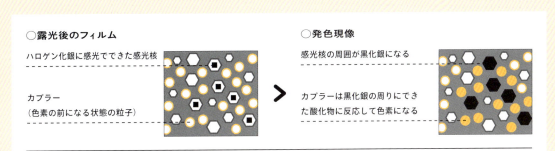

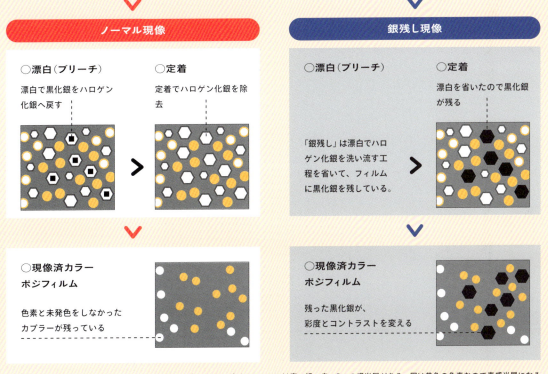

注・カラーポジフィルムには青・緑・赤、3つの感光層がある。図は黄色の色素なので青感光層になる

参考資料：Blu-ray『座頭市』と特典映像／『座頭市』パンフレット／「KITANO 北野武による「たけし」」（ミシェル・テマン 北野武／訳 松本百合子）／「伝説の女傑 浅草ロック座の母」（齋藤智恵子）／「撮影報告『座頭市』」（柳島克己 映画撮影159号）／「キネ旬ムック 北野武」（淀川長治 責任編集）／「映画監督、北野武。」（フィルムアート社）／DVD『座頭市物語』／「名古屋刀剣博物館 HP」／「フィルム現像プリント 特殊処理 銀残し」（IMAGICA MEDIA ENTERTAINMENT HPより）／「映画の誕生を見届ける職人集団 "東京現像所 Togen" 07：画期的な色彩を生み出した銀残しと現像 映画『おとうと』」（OTOCOTO HPより）　協力：柳島克己　石田記理

CASE 10

動線の向きと「コマ打ち」で描かれるスペクタクルなシーン

『崖の上のポニョ』

監督 宮崎 駿

原作・脚本：宮﨑 駿　出演：山口智子　長嶋一茂　天海祐希　所ジョージ　奈良柚莉愛　土井洋輝　柊 瑠美　矢野顕子　吉行和子　奈良岡朋子
作画監督：近藤勝也　美術監督：吉田 昇　色彩設計：保田道世　映像演出：奥井 敦　編集：瀬山武司　整音：井上秀司　音響効果：笠松広司
録音演出：木村絵里子　制作担当：渡邊宏行　音楽：久石 譲　作詞：筧和歌子　宮崎駿　近藤勝也　歌：林 正子　大橋のぞみ　藤岡孝章　藤巻直哉
演奏：新日本フィルハーモニー交響楽団　プロデューサー：鈴木敏夫　制作：星野康二　『崖の上のポニョ』製作委員会（日本テレビ放送網電通　博報堂
DYメディアパートナーズ　ウォルトディズニースタジオホームエンターテイメントディーライツ　東宝）
製作担当：奥田誠治　福山亮一　藤巻直哉　制作：スタジオジブリ　配給：東宝　上映時間：101分　製作年：2008年　現像：IMAGICA
フィルムタイミング：平松弘明　上野芳弘　アスペクト比：1.85:1

『崖の上のポニョ』（以下『ポニョ』）は2008年に公開された宮崎駿監督作品のアニメーション映画です。『ポニョ』は、宮崎監督が『千と千尋の神隠し』(01)で緻密な描き込みにCGを加えたリアルな表現の極地に達したあと、人が鉛筆で描く素朴な線による表現へ戻した作品になります。『ポニョ』の画は、陰影が少なくシンプルな線で描かれています。簡単そうに思えますが、少しの粗が目立ってしまうので高い画力が必要になります。

『ポニョ』の主役は海の底にある家、珊瑚の塔に住む5歳の魚の女の子ポニョ（奈良柚莉愛）です。ある日、ポニョは魔法使いの父親フジモト（所ジョージ）に反抗をして家出をして、海沿いの街に住む少年・宗介（土井洋輝）に出逢います。

ポニョと宗介はお互いを好きになりますが、ポニョはフジモトに捕まって家に連れ戻されます。もう一度宗介に会いたいと願うポニョは、魔法の薬「命の水」から偶然得た、強い魔法の力で魚から人間の少女になります。

宗介の家がある場所

宗介が住む家は岬の突端、崖の上に立つ一軒家で三方が海に囲まれています。周りには他の家がなく、水道も雨水をタンクに貯めて使う不便な場所に、普段は宗介と母親のリサ（山口智子）だけが住んでいます。

この場所に家があるのは、船乗りで留守がちな父親の耕一（長嶋一茂）が船に乗って家の沖合を通るときに、灯台の役割をしているためと思われます。

風の強さを表す家の形のデフォルメ ☞A

『ポニョ』の背景画は、淡く柔らかい水彩画のようなタッチで描かれています。この中で宗介の家の全景で描かれる形は、物語の流れに合わせてデフォルメをする、アニメーションならではの表現方法を使っています。

たとえばポニョの起こした大嵐の中、リサと宗介が家に戻ったとき（48分1秒～）には、強い風が吹いているのを表すために、家が建っている角度を斜めに傾けて描いています。またこのショットは、映像には微妙なブレを加えることでも風の強さを表現しています。

登場人物の気持ちを表す家の形 ☞B

耕一が急な仕事で、久しぶりの帰宅がなくなったあと、夜に宗介が家の沖を船で通る耕一と発光信号で会話をするシーン（26分59秒～）があります。このシーンでは家の形の描き方を、シーンの最初と最後のショットで変えています。

最初のショットの家の形は、屋根の形をとんがらせた細長いフォルム、建っている角度は右に3度ほど傾けて描かれています。このデフォルメは宗介は寂しく、リサはむくれていることを見せます。

最後のショットの家の形は、安定感のあるフォルムで描かれています。家の全部の窓に電気が灯ることと併せて、宗介とリサが元気を取り戻したことを見せます。

A　風の強さを表す家の形のデフォルメ

家を斜めに傾けて描くことで、強い風が吹いているのを表している。映像には微妙なブレを加えることで風の強さを表現している。

B　登場人物の気持ちを表す家の形

最初のショットは、屋根の形をとんがらせた細長いフォルム、角度は右に3度ほど傾けている。このデフォルメで宗介は寂しく、リサはむくれていることを描いている。

最後のショットは、安定感のあるフォルムで描き、全部の窓に電気が灯ることで、宗介とリサが元気を取り戻したことを見せている。

黄金色の奔流の躍動感 ☞ C

ポニョが珊瑚の塔で人間の少女に変わったあと、妹たちを伴い大きな魚の上に乗って、猛スピードで海底から海面に出る直前のシーンクエンスは37秒間、11のショットで構成されています。

このシークエンスの最初は、珊瑚の塔の無数にある窓から魔法で金色に輝く魚の大群が黄金色の奔流となって噴き出てくる、約5秒間の躍動感に溢れる引き画のショット（38分19秒～）です。

このショットで黄金色の奔流に躍動感を与えているのは、前半は曲線の効果、後半は斜線の効果になります。

曲線が黄金色の奔流に与える躍動感 ☞ C

曲線の効果が使われるのは、黄金色の奔流が珊瑚の塔の窓から噴き出すときです。奔流の形が弧を描いていることで、動感や加速性、リズム感を映像に与えています。この曲線の効果は、奔流が勢いを増して太くなることで次第に弱まります。

C　黄金色の奔流に躍動感を与える曲線と斜線の効果

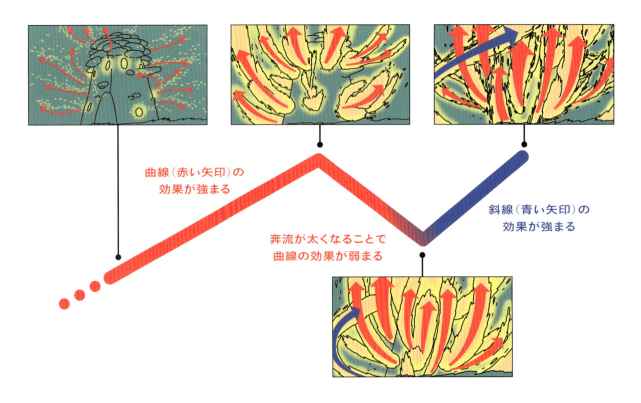

映像における線の効果

曲線
視線を惹きつける優雅さがある。動感、加速性、リズム感などが強調される。交差すると効果が強まる。

斜線
動感、スピード感、方向性と奥行きなどが強調される。交差すると効果が深まる。

垂直
上下方向へのスピード感が感じられる。水平線と組み合わさることで、安定感が生まれる。

水平
安定感・落ち着きが強調される。目立たないが、構図のベースになる。

← 左へいくに従って線として意識され効果が強くなる

斜線が黄金色の奔流に与える躍動感　☞C

　曲線の効果が弱まったあと、斜線の効果が黄金色の奔流の躍動感を再び強くします。斜線の効果が使われるのは、このショットの途中から加わる1本だけ左上を斜めに流れている奔流です。

　斜線はフレームの中にあると、映像に動感やスピード感などを与える効果があります。また斜線は複数の線と交わると、さらに動感を増す効果があります。斜めに流れる黄金色の奔流は、違う向きで動く他の奔流と何度も交差をすることで映像の躍動感を強めています。

色の比率の変化で見せる魔法の力の大きさ　☞D

　この珊瑚の塔の引き画のショットでは、映像の中で2つの色、空色（ターコイズ）と黄金色の比率が、ショットの最初と最後で大きく変わることで、「命の水」による魔法の力の巨大さをより鮮烈に見せます。

　最初は空色9で黄金色1ぐらいで、黄金色は無数のぼんやりと光る窓に使われているだけです。ショットの最後ではフレーム内が黄金で埋め尽くされる時の色の比率は、空色1の黄金色9に逆転します。

補色の効果を活かした色の比率　☞D

　色の比率を10：0にしないのは、2つの色が補色に近い関係にあるのを生かすためと考えられます。補色とは互いを引き立てあう関係性にある色を指す言葉です。このショットの最後で、空色をほんの少し差し色として残すことで、黄金色の奔流はより色鮮やかに見えています。

黄金色の奔流をより輝かせる、塔の明るさの変化

　珊瑚の塔の窓から黄金色の奔流が噴き出すとき、珊瑚の塔は黄金色の奔流に照らされて明るくなるはずが、反対に暗くなります。背景画と動画を分けて撮影ができる、アニメーションならではの技法です。

　物理的に考えると不自然ですが、フレームのセンターにある珊瑚の塔が暗くなることで、黄金色の奔流の輝きを引き立てています。

D　色の比率の変化で見せる魔法の力の大きさ

ショットの最初は、黄金色は無数のぼんやりと光る窓に使われているだけで、色の比率は空色9で黄金色1ぐらいになる

ショットの最後は、色の比率は空色1と黄金色9ぐらいになる。空色を少し残すことで、黄金色が一層色鮮やかに見える

E 映像を見る視点の移動による生まれる躍動感

ポニョたちが珊瑚の塔から海面へ向かう動線の向きは、ショットごとに変わることで映像に躍動感が生まれている（図の下から順に）。

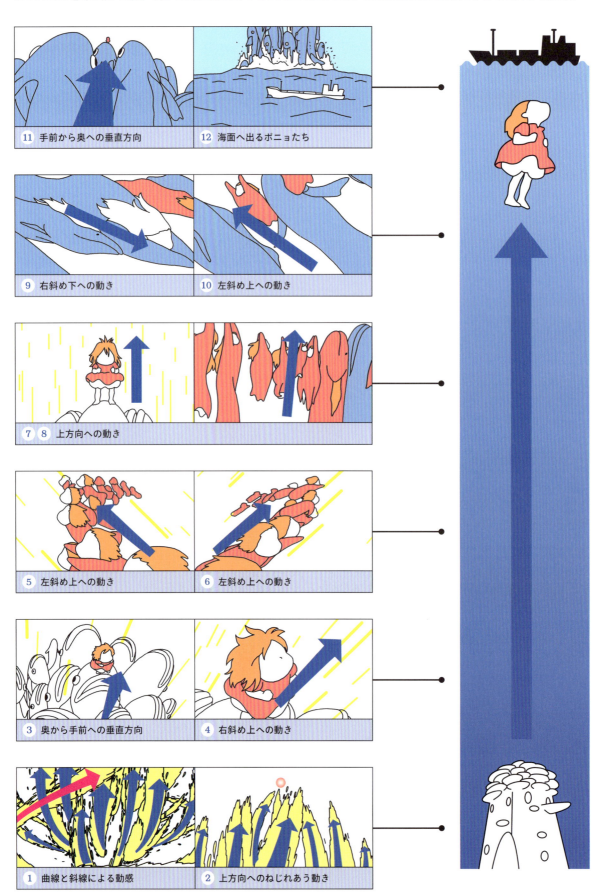

見る視点の移動により生まれる躍動感 ☞ E

珊瑚の塔の引き画のあと、黄金色の奔流が螺旋状に絡まりながら上昇するショットを挟んで、ポニョが妹たちを伴って海面に向かうシークエンスになります。

ポニョが宗介に会いに行けるのが、嬉しくてしょうがない気持ちを表す映像の躍動感は、ポニョと妹たちの動線の向きが、ショットごとに変わることからも生まれています。

動線の向きは、ポニョたちが奥から手前に向かう垂直方向、右斜め上、左斜め上、右斜め上、2つの上向き、右斜め下、左斜め上、手前から奥へ向かう垂直方向と変化します。

視点の移動のメリットとデメリット

動線の向きが変わるたびに、観客の視点はフレーム内を移動します。この視点の移動にはメリットとデメリットがあります。メリットは視点が動くことで、映像に動感を感じやすくなることです。デメリットは視点を動かすのに忙しくなって、映像の細かなディテールが見づらくなることです。このシークエンスはメリットが活かされた例になります。

上方向へ動く動線を続けて使う理由 ☞ F

動線の向きを変え続けるこのシークエンスの中で、ポニョが魔法を使うショット（38分40秒〜）と、ポニョの魔法で妹たちが巨大な魚へ姿を変えていくショット（38分45秒〜）だけは、続けて同じ上向きの動線を使います。

この動線の向きの使い方は、ポニョが妹たちに何の魔法を使ったのかを見やすくしています。何を見せるのが大切なのか、目的に応じて動線を使い分けていることが分かります。この2つのショットではポニョと妹たちを、真正面から描くことでも見やすくしています。

映像に動感を与える映すサイズの変化 ☞ F

上方向の動線を続けて使うとき、動線の代わりに映像に動感を与えているのが、短い時間の中で続けて映すサイズを大きく変えていることです。

1つめのショットではポニョの全身を映すフルサイズから、ポニョの拳へカメラが近づくトラックアップでサイズを変化させます。次のショットでは、妹たちの全身を映すフルサイズのグループショットになります。5秒ほどの短い時間の中でフルサイズからアップ、アップからフルサイズと、映すサイズを2回大きく変えることで、観客の視覚に刺激を与えて映像の動感を保っています。

F 上方向へ動く動線を続けて使う理由／映像に動感を与える映すサイズの変化

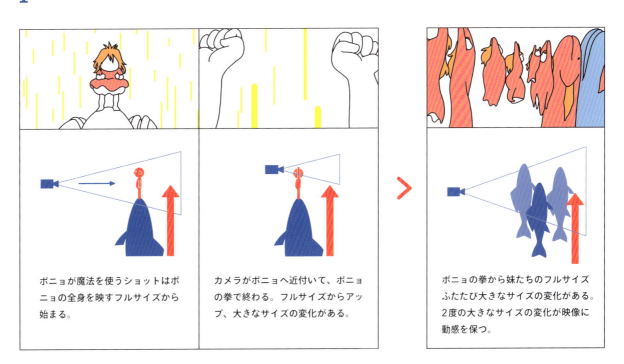

2つのショットで続けて上方向への動線を使うことで、ポニョが妹たちに魔法をかけたのを見やすくしている。

スペクタルに溢れる『ポニョ』の見せ場

荒れ狂う嵐の中、猛スピードで海沿いの道路を走る、宗介とリサが乗る車（以下リサカー）を、大津波「水魚」に乗って現れたポニョが追いかけるシーン（45分40秒〜）は、スペクタルに溢れる『ポニョ』の見せ場です。

このシーンの中で海側からの横位置の広い引き画で、ポニョが水魚から水魚へと飛び移って、海上と道路を行き来をしながらリサカーと並走する13秒のショット（46分16秒〜）があります。

このショットではポニョの動きに3つの動線、左右の動線・上下の動線・奥行きの動線が使われています。

ポニョの気持ちを表現する3つの動線 ☞ G

左右の動線は水魚が前後する動きに併せて、ポニョを左右に動かすのに使われます。上下の動線はポニョが乗る水魚の高さが変わるのに併せて、ポニョを上下に動かすのに使われます。

奥行きの動線はポニョがカメラに対して近づいたり遠のいたりします。ポニョが海から道路へ、道路から海へと行き来するときに使われています。

3つの動線を組み合わせて動くポニョは、フレームの中を縦横無尽に動き続けて、ときにはフレームの外へ飛び出させることで、ポニョが宗介に会いたい気持ちを表現しています。

ポニョとリサカーの見せ方のバランス

このショットでは動き回るポニョに対して、リサカーはほぼ定位置にいます。ポニョにだけ観客の視点を向かわせてしまうと、ポニョが元気に動き回っているだけのショットという印象しか残らなくなります。

ポニョとリサカーの両方に視点を向かわせることで、ポニョがこのショットで動き回るのは、宗介が乗っているリサカーという目標があるからだ、という見せ方を成立させる必要があります。このショットで観客の視点を、ポニョとリサカーに向かわせる工夫は3つ挙げられます。

G　ポニョを左右に動かす動線

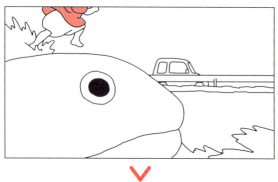

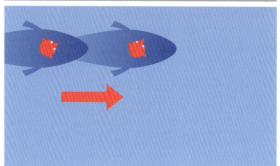

左右の動線は「水魚」が前後する動きに併せて、ポニョを左右に動かすときに使われる。

G ポニョを上下に動かす動線

上下の動線は「水魚」の高さが変わるのに併せて、ポニョを上下に動かすときに使われる。

G ポニョを海と道路を行き来させる奥行きの動線

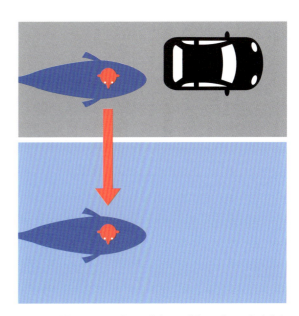

奥行きの動線はポニョが海から道路へ、道路から海へと行き来するときに使われる。

H 顔を見せないポニョ

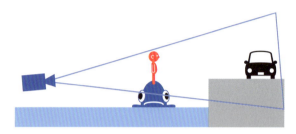

ポニョの顔がなかなか見えないので、観客の視点は自然と見やすいリサカーにも向かう。

I フレームの外に外れるポニョ

ポニョはフレームの外に外れることもあるので、観客の視点は追いかけづらい。リサカーは見やすい位置にいるので、観客の視点はリサカーへと向かう。

J 遠近感を少なくする効果

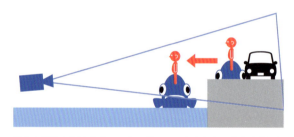

海上と道路を行来するときのポニョの大きさを、大きく変わらないようにすることでポニョの躍動感を減らしている。

顔を見せないポニョ ☞H

1つめはこのショットの前半では、ポニョはリサカーを見続けているので、ポニョの顔が見えないことです。ポニョの顔が見えたらポニョを見たくなりますが、ポニョの顔がなかなか見えないので、観客の視点は自然とよく見えているリサカーにも向かいます。

ショットの後半ではポニョの顔は見えてきますが、すでに観客の視点はリサカーへも向かっているので、ポニョだけに視点が向かうことはありません。

フレームの外に外れるポニョ ☞I

2つめはポニョの位置は動き続けて、ときにはフレームの外へ外れてしまうので、観客はポニョの動きを追い続けることができなくなることです。リサカーの位置は

フレームの真ん中付近からほぼ動かないので、観客の視点は安定した見やすいリサカーへと向かいます。

遠近感を少なくする効果 ☞ J

3つめはポニョがフレームの中を縦横無尽に動き続けるのを派手に見せすぎない工夫です。

このショットは遠近感を少なくして、ポニョが海上と道路を行き来するときに映すサイズを大きく変わらないようにしています。実写の映像で望遠レンズを使ったとき、遠近感を少なくする圧縮効果と同じ効果です。

もしこのショットの中で、ポニョが海上と道路を行き来するとき、ポニョを映すサイズの大きさが大きく変わる見せ方をすると、ポニョの動きに躍動感が増して、ポニョに観客の視点は向かうことになります。

HFR（High Frame Rate）方式 ☞ K

多くの映画は1秒間に24fps（EU圏は25fps）で上映されています。fpsとは「frames per second」の略語で、1秒間に映像が何枚のフレームで構成されているかを示す単位です。

2010年代前半からHFR（High Frame Rate）と呼ばれる方式で上映している映画があります。HFRは毎秒24fps以上で撮影をした映像を同じフレーム数で上映をすると、動きの滑らかさが大幅に向上して、映像の情報量が増すことで没入感を与えると言われています。

HFRを使って成功した作品が、ジェームズ・キャメロン監督の『アバター：ウェイ・オブ・ウォーター』（以下『アバター2』）です。毎秒48fpsのHFR上映をしていますが、撮影をするときにはfpsをシチュエーションに応じて使い分けています。

『アバター2』でのfpsの使い分けは、通常は見慣れた毎秒24fpsで見せて、毎秒48fpsのHFRは海の描写と激しい動きのシーンで使って、映像を滑らかな動きで見せています。HFRを効果的に使うには、fpsを的確に使い分ける映像演出が大切であることを教えてくれます。

アニメーションの「コマ打ち」 ☞ L

『ポニョ』の映像表現には、HFRをより豊かな映像表現にできるヒントがあると考えています。私が特に感じたのは、動きや心情に合わせて「コマ打ち」を丁寧に使い分けていることです。

「コマ打ち」とはアニメーションで使われている用語で、1秒間24フレームのうち、同じ画をいくつ続けて表示するのかを表す言葉です。たとえば海外のフルCGアニメーション映画の多くは、実写の映像と同じように1フレームごとに異なる画が表示されています。これを「1コマ打ち」と言います。

1960年代後半までの東映のアニメーション映画や、ディズニーが手描きで描いていた頃のアニメーション映画は、2フレームごとに異なる画を表示する「2コマ打ち」が主に使われています。「2コマ打ち」になったのは、「1コマ打ち」が画を描く人たちへの負担が大き過ぎたのと、動きが充分に滑らかに見えたためと言われています。

3フレームごとに異なる画を表示するのが「3コマ打ち」です。初期の日本のテレビ用アニメーション向けに、画を描く時間と手間を減らすために生まれたものです。「3コマ打ち」は日本では「動きが滑らかに見える限界」と言われています。

「3コマ打ち」を使うと、動きに滑らかさがなくなっていきますが、「1コマ打ち」のアニメーションは素晴らしくて、「2コマ打ち」は普通で、「3コマ打ち」はダメという単純な話にはなりません。

K　HFR（High Frame Rate）と通常の映画

HFR 毎秒48fps

| 1 | 2 | 3 | 4 | 5 | 6 | 7 | 8 | 9 | 10 | 11 | 12 | 13 | 14 | 15 | 16 | 17 | 18 | 19 | 20 | 21 | 22 | 23 | 24 | 25 | 26 | 27 | 28 | 29 | 30 | 31 | 32 | 33 | 34 | 35 | 36 | 37 | 38 | 39 | 40 | 41 | 42 | 43 | 44 | 45 | 46 | 47 | 48 |

通常の映画 毎秒24fps

| 1 | 2 | 3 | 4 | 5 | 6 | 7 | 8 | 9 | 10 | 11 | 12 | 13 | 14 | 15 | 16 | 17 | 18 | 19 | 20 | 21 | 22 | 23 | 24 |

——1秒間——

L　アニメーションのコマ打ち

1コマ打ち 24fps

2コマ打ち 12fps

3コマ打ち 8fps

|←──────────── 1秒間 ────────────→|

M　3コマ打ちが描く海の世界の豊かさ

3コマ打ちの映像が目に残りやすい特性を使い、海の世界で多様な生命が暮らす姿を印象的に見せている。3コマ打ちにより動きの滑らかさが減ることで、水の抵抗で動きが重くなっていることも描かれている。

3コマ打ちが描く海の世界の豊かさ ☞ M

ここからは『ポニョ』がシチュエーションに合わせて、「コマ打ち」の特性を生かして動きを表現しているのを、4つのパートに分けて説明をします。

1つめのパートはポニョの父親のフジモトが、海底でプランクトンを育てているオープニングから、家出をしたポニョがクラゲに乗って海面に浮かぶ直前までです。基本は3コマ打ちで、要所で2コマ打ちを交ぜています。3コマ打ちはフジモトや魚やクラゲたちの動きに使われています。

3コマ打ちは上手く使えば、映像が目に残りやすい特性があります。『ポニョ』では海の世界で多様な生命が暮らす姿を、3コマ打ちで印象的に見せています。また3コマ打ちによる滑らかさが減る動きは、水の抵抗で動きが重くなっていることも描いています。

ポニョの表情を描き分けるコマ打ち ☞ N

1つめのパートでは、主にポニョに2コマ打ちが使われています。ポニョが家出をするとき、周りの様子を伺うポニョの表情が、2コマ打ちで丁寧に描かれています。

ポニョの動きに3コマ打ちを使うのが、ポニョが家出に成功をして、開放感に浸る表情を印象的に見せるときです。映画のタイトルが出る前にクラゲの上に乗ったポニョが海面を目指す2つのショット（3分59秒～）、タイトル後にポニョがクラゲの上で眠る2つのショットです。

自然な動きを見せるのに使われる2コマ打ち

2つめのパートは主な舞台が地上に移り、ポニョと宗介が出会い、離れ離れになったあと再会をして、ポニョが宗介の家に入るまで（～50分20秒）です。このパートでは、日常生活を描くシーンが多いので、感情や動きを自然に見せることができる2コマ打ちを主に使っています。1コマ打ちと3コマ打ちは要所で使われています。

海底にある珊瑚の塔でポニョが人間の女の子になる前のシーン（30分1秒～）でも、水がない場所なので2コマ打ちが使われています。

3コマ打ちで描かれる老人たちの動き ☞ O

2つめのパートで3コマ打ちを主に使うのが、宗介の母・リサが勤めているデイケアサービスセンター「ひまわりの家」のシークエンスです。利用者の老人たちのゆっくりとした動きを、3コマ打ちにより少しぎこちなく見せることで表現しています。

利用者の1人、トキさん（吉行和子）が宗介からポニョを見せられて怯えるショット（20分17秒）で、腕の動きに3コマ打ちの特性を見ることができます。

N　ポニョの表情を描き分けるコマ打ち

周りの様子を伺うポニョの表情は、2コマ打ちで描かれている

― ポニョ・2コマ打ち ―

家出に成功をしたポニョが開放感に浸る表情は、3コマ打ちで描かれている

― ポニョ・3コマ打ち ―

O　3コマ打ちで描かれる老人たちの動き

『ポニョ』では3コマ打ちを使って老人たちのゆっくりとした動きを表現をしている。老人の1人、トキさんがポニョを見て怯えるときの腕の動きに、3コマ打ちの特性を見ることができる。

P　1つのショットで使われる1コマ打ちと2コマ打ち

1コマ打ちで軽やかな動きをするポニョと水魚を、2コマ打ちで重みのある動きをする波が引き立てている。コマ打ちの違いは映像に奥行きも与えている。

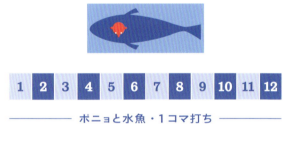

―― ポニョと水魚・1コマ打ち ――

―― 背景の波・2コマ打ち ――

1つのショットで使われる
1コマ打ちと2コマ打ち ☞P

　ポニョが魚の形をした大津波「水魚」に乗って現れて、宗介が乗る車を追うシーン（45分23秒～）では、水魚に乗るポニョの全身を映すフルサイズのショットが4つあります。
　このショットでは、ポニョと水魚の動きには1コマ打ちを使って、背景の波には2コマ打ちを使っています。波を背景にして、ポニョが水魚に乗っているショット（46分3秒～）では、1コマ打ちで軽やかな動きをするポニョと水魚を、2コマ打ちで重みのある動きをする波が引き立てています。この手前のポニョと水魚、背景の波で使い分けるコマ打ちは映像に奥行きも与えています。

ポニョの喜びと宗介の戸惑いを描き分ける
コマ打ち ☞Q

　2つめのパートで印象的なのが、宗介の家の前で波の中から現れたポニョが、宗介と再会をするシーケンス

崖の上のポニョ

（49分2秒〜）です。2コマ打ちを基本に要所で1コマ打ちと3コマ打ちを使って、2人の感情を描き分けています。

ポニョが人間になったことを知らない宗介がポニョを見るショット（48分59秒〜）では、宗介が見知らぬ少女が現れたことに戸惑っているのが、3コマ打ちで描かれています。

ポニョは宗介に会えて嬉しいので、宗介に向かってまっしぐらに走ってきます。このショット（49分10秒〜）を1コマ打ちで描いてることからも、2人の気持ちの対照性が描かれています。

動と静の動きのコントラスト ☞ R

ポニョが宗介に抱きつくショット（49分13秒〜）は走るポニョは1コマ打ち、宗介の動きは止めて、動きに動と静のコントラストを作っています。次に2人が抱きついた瞬間にコマを止めることで、もう一度動きにコントラストを作って、2人の再会をより印象的に見せています。

Q　ポニョの喜びと宗介の戸惑いを描き分けるコマ打ち

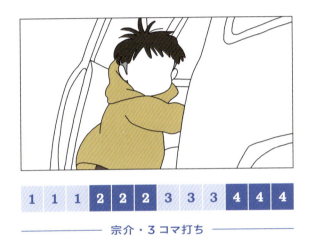

――― 宗介・3コマ打ち ―――

宗介が見知らぬ少女が走ってくるのに戸惑っているのを、3コマ打ちで描いている。

――― ポニョ・1コマ打ち ―――

ポニョが宗介に会えて嬉しくて、宗介に向かってまっしぐらに走るのは、1コマ打ちで描いている。

R　動と静の動きのコントラスト

――― ポニョ・1コマ打ち　（宗介、動かない）

ポニョが宗介に抱きつくショットは、走るポニョは1コマ打ち、宗介の動きは止めて動きに動と静のコントラストを作っている。

（2人の動きが止まる）

ポニョが宗介に抱きついたときにコマを止めて、2人の再会をより印象的に見せている。

ポニョの不安と喜びを描くコマ打ち ☞S

ポニョと宗介の再会のあと、2人のアップを交互に映すカットバックでも、ポニョの感情の変化に合わせてコマ打ちが使い分けられます。最初のポニョのアップは3コマ打ちで、表情の滑らかさを減らして、宗介が自分をポニョだと分からないかもしれない、というポニョの不安な気持ちを描きます。次のポニョのアップでは2コマ打ちの自然な動きが、宗介に気がついてもらえたポニョの喜びを表現します。

ポニョの喜ぶ表情をより印象的に見せるのが、見知らぬ少女が誰なのかを考えている宗介のアップのショットです。3コマ打ちで表情の動きを少なくすることで、2コマ打ちで描いたポニョのショットを引き立てています。

表情を印象的に描く3コマ打ち

3つめのパートの主な舞台は、宗介の家になります。夜になって嵐が落ち着いたあと、リサは「ひまわりの家」へと向かいます。翌朝、ポニョと宗介が船に乗って、リサを追って嵐で水没をした世界へ旅立つ前までです。

3つめのパートは、ポニョが宗介の家でくつろぐのを見せる、他のパートと比べると動きの少ないシークエンスです。主に3コマ打ちが使われて、要所で1コマ打ちと2コマ打ちが使われています。

3コマ打ちの映像が目に残りやすい特性は、ポニョたちの表情を印象的に見せる描写で感じられます。ポニョが懐中電灯の明るさにうっとりとする表情（50分50秒〜）、ポニョが蜂蜜入りのホットミルクを飲むときの表情（53分42秒〜）、リサが宗介に家の留守番を頼むときの表情（60分56秒〜）などのショットになります。

2コマ打ちと3コマ打ちで描かれる動きと質感 ☞T

リサが夕食にラーメンを用意するシークエンスでは、2コマ打ちと3コマ打ちの組み合わせで、動きと質感を印象的に見せるショットが2つあります。

1つはリサがラーメンの丼の蓋が開いて、ポニョが喜んで飛び跳ねる横位置の引き画のショット（58分11秒〜）です。リサが蓋を開ける前のゆっくりとした動きは3コマ打ち、蓋を素早く持ち上げる動きには2コマ打ちを使って、腕の動きの緩急を描いています。

ポニョが飛び跳ねる動きは2コマ打ちで描き、リサは

S　ポニョの不安と喜びを描くコマ打ち

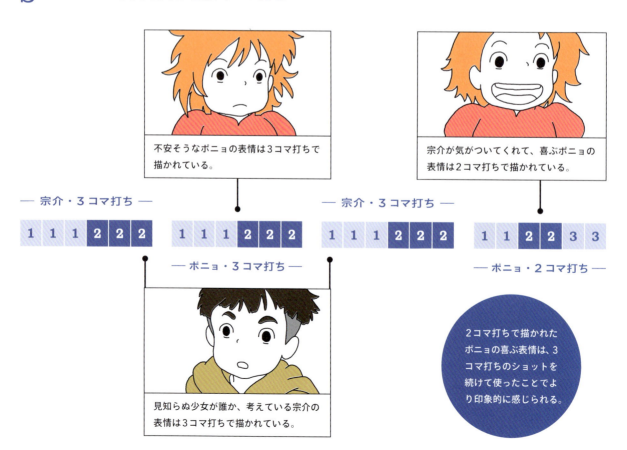

T 動と静の動きのコントラスト

― リサ・3コマ打ち ―
（ポニョと宗介、あまり動かない）

リサが丼の蓋を開ける前のゆっくりとした動きには3コマ打ちを使っている。

― リサ・2コマ打ち ―
（ポニョと宗介、あまり動かない）

リサが丼の蓋を素早く持ち上げる動きには2コマ打ちを使い、腕の動きに緩急を作っている。

― ポニョ・2コマ打ち ―
（リサ、動かない）

ポニョの飛び跳ねる動きには2コマ打ち、リサの動きは止めて、動きにコントラストを作って、ポニョの動きが強調される。

動きを止めることで、動きに動と静のコントラストを作って、ポニョの飛び跳ねる動きが強調されます。

ラーメンを美味しそうに見せる
コマ打ちの使いわけ ☞ U

次のショット、ラーメンのアップでは湯気とスープの質感の差を描写することで、ラーメンをとても美味しそうに見せています。2コマ打ちはモワモワと立ち上る湯気、3コマ打ちはスープの表面でゆらゆらと揺れる油に使われています。

水の規則性のない繊細な動き

4つめのパートはエンディングまでです。ポニョと宗介が船で大海原となった世界を旅して、海中で大きなクラゲに包まれているひまわりの家にたどり着いて、リサたちと再会をします。

このパートでは、2コマ打ちが主に使われています。船があげる水飛沫やゆらゆらと揺れる水面など、水の繊細な動きが丁寧に描かれています。水は規則性のない動きをし続けるので、火と並んでアニメーションやCGでの表現が難しいと言われています。

U ラーメンを美味しそうに見せるコマ打ちの使いわけ

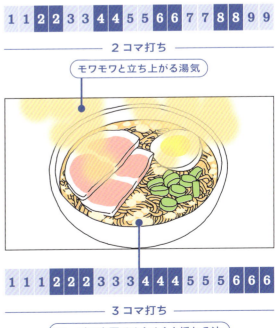

― 2コマ打ち ―
（モワモワと立ち上がる湯気）

― 3コマ打ち ―
（スープの表面でゆらゆらと揺れる油）

V 明るい雰囲気から重苦しい雰囲気への変化

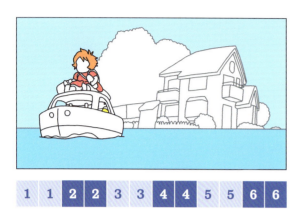

―― ポニョと宗介・2コマ打ち ――

ポニョと宗介の船での旅は、最初は2コマ打ちで描かれる。

―― ポニョ・3コマ打ち ――

―― 宗介・2コマ打ち ――

ポニョが旅の途中、急に眠くなるとき3コマ打ちに変わる。

―― ポニョと宗介・3コマ打ち ――

宗介の気持ちが落ち込んで、涙を流すとき3コマ打ちに変わる。

明るい雰囲気から重苦しい雰囲気への変化 ☞ V

ポニョと宗介の旅に変化が訪れるのは、船の旅から陸に上がって徒歩の旅になるときです。明るい雰囲気は重苦しい雰囲気へ変わり、コマ打ちも2コマ打ちから3コマ打ちへ変えて、動きをぎこちなくすることで雰囲気の変化が描かれます。

最初にコマ打ちが変わるのはポニョです。きっかけは船の上で急に眠くなってしまうとき（80分36秒〜）です。次に宗介のコマ打ちが変わるきっかけは、陸に上がったあとになります。宗介はリサカーを見つけますが、リサの姿がないことに悲しくなって涙を流すとき（85分22秒〜）です。

宗介を守ろうとするトキさん ☞ W

ポニョと宗介が暗いトンネルを抜けて海に出たあと、ポニョは魚の姿に戻ってしまいます。ポニョを心配する宗介の前に、フジモトが現れてリサたちが待っているところへ来てほしいと言います。そこへ施設利用者の1人、トキさんが現れて宗介にフジモトを信用するなと叫びます。

宗介がフジモトを信用できないと思ったとき（91分45秒〜）、コマ打ちは3コマ打ちから2コマ打ちへ変わり、宗介がポニョを守ろうとする気持ちが描かれます。

ポニョが入ったバケツを持った宗介が、トキさんのもとへ逃げるシークエンス（92分38秒〜）では、ここまで3コマ打ちで動きをぎこちなく見せていたトキさんを、2コマ打ちのスムーズな動きで見せて、トキさんが宗介を守ろうとする気持ちが描かれます。

W 宗介を守ろうとするトキさん

宗介がトキさんのもとへ逃げるシークエンスでは、トキさんの動きを3コマ打ちから2コマ打ちへ変えることで、トキさんが宗介を守ろうとする姿を描いている。

人類を救ったポニョと宗介 ☞ X

物語の終わりで、宗介とフジモトは和解の握手をします。この握手をするシークエンス（98分3秒～）には、3コマ打ちを使っています。ここではなぜ握手を3コマ打ちを使って印象的に見せているのかを推測します。

『ポニョ』は伏線を大胆に省略して、物語の起承転結も敢えてはっきりとさせていないので、多くの疑問を残したまま終わります。特にポニョが、無自覚に強い魔法を使ったことで世界を破滅させかけたのに、なんの責任も問われないことには釈然としないかと思います。これは人間側の視点ではなく、海側の視点から見ると考えが変わってきます。

映画の冒頭、ポニョが宗介の住む海辺の街に着いたあと、底引網漁をする漁船の網から逃げるシーン（7分4秒～）があります。現実には底引網は海底の土を舞い上げて、生物の住む環境を壊すので多くの国で規制されています。のどかな海辺の街の海の中は、ゴミと泥による環境破壊が進んでいることが分かります。

かつて人間だったフジモトは、海から命を奪う人間にうんざりしていて、魔法の力で世界を人間が生まれる前の太古の美しい海へ戻すことを計画しています。そのために珊瑚の塔で蓄えていたのが、ポニョに強い魔法の力を与えた魔法の薬「命の水」です。

ポニョと宗介は図らずも、このフジモトの計画から人類を救ったと考えることができます。ポニョが海と人間の垣根を越えて宗介を好きになったこと、宗介の相手の姿形に捉われない自由な心は、フジモトに海と人間が共生する可能性を見出せて、彼の考えを改めさせます。

宗介とフジモトの握手に3コマ打ちを使ったのは、フジモトが考えを改めたことを、印象的に見せる必要があったためと考えられます。

「コマ打ち」を実写の映像へ応用する可能性

『ポニョ』における「コマ打ち」を使い分ける効果は、実写の映像にそのまま応用することは難しいです。映像編集ソフトを使って、24fpsで撮影をした実写の映像を、2コマ打ち3コマ打ちにすると、『ポニョ』で見られるような効果は出せず不自然な動きに見えます。

現状ではアニメーションの技術を実写の映像に活かすには垣根がありますが、『ポニョ』のコマ打ちを使い分ける技術は、HFRを含めてより豊かな映像表現に活かせる可能性があると私は考えています。

X 人類を救ったポニョと宗介

宗介とフジモトの握手は、フジモトに海と人間が共生する可能性を見出せて、フジモトが
考えを改めたことを印象的に見せる必要があったため、3コマ打ちを使ったと考えられる。

参考資料：『崖の上のポニョ』Blu-rayと特典映像／『ポニョはこうして生まれた。～宮崎駿の思考過程～』(撮影・構成・ナレーション 荒川格)／「スタジオジブリの撮影術 撮影監督・奥井敦の仕事のすべて」(著 奥井敦／編著者 野崎透)／「井上俊之の作画遊襍」(井上俊之著 高瀬康司編著)／「アニメの『コマ打ち』とは何か―井上俊之が語る『コマ打ち』の特性」(フィルムアート社HPより／取材・構成：高瀬康司／作図：五十嵐哲夫)／「アニメ制作者たちの方法 21世紀のアニメ表現論入門」(高瀬康司編)／「ディズニーアニメーション 生命を吹き込む魔法」(著 フランク・トーマス／オーリー・ジョンストン 訳 スタジオジブリ 日本語版監修 高畑勲／大塚康生／邦子・大久保・トーマス)／「日本のアニメーションに期待すること」(HP高畑勲・宮崎駿作品研究所／大塚康生氏講演(2)／テキスト 叶精二) 協力：高木創

CASE 11

カメラワークとブロッキングが結びついた〝目減り〟を防ぐ演出術

『バトル・ロワイアル』
監督 深作欣二

原作：高見広春　脚本：深作健太　出演：藤原竜也　前田亜季　山本太郎　栗山千明　柴咲コウ　安藤政信　ビートたけし　撮影：柳島克己
照明：小野 晃　美術：部谷京子　装飾：平井浩一　編集：阿部浩英　録音：安藤邦男　音響効果：柴崎憲治　特機：平山 茂　衣裳：江橋綾子
制服デザイン：BA-TSU　ヘアメイク：田中マリ子　特殊メイク：松井祐一　劇中画：北野 武　アクションコーディネーター：諸鍛冶裕太
ガンエフェクト：ビッグショット　VFXスーパーバイザー：大屋哲男　道木伸隆　スクリプター：牧野千恵子　監督補：原田 徹　制作担当：田中敏雄
音楽：天野正道　音楽プロデューサー：山木泰人　主題歌：Dragon Ash　演奏：ポーランド国立ワルシャワフィルハーモニーオーケストラ
メインタイトルロゴデザイン：中山 泰　企画：佐藤雅夫　岡田真澄　鎌谷照夫　香山 哲
エグゼクティブプロデューサー：高野育郎　プロデューサー：片岡公生　小林千恵　深作健太　鍋島壽夫
バトル・ロワイアル製作委員会（東映　アム アソシエイツ　広美　日本出版販売　MFピクチャーズ　WOWOW　ギャガ・コミュニケーションズ）
協力プロデューサー：麓 一志　富山和弘　加藤哲朗　大野誠一　松橋真三　竹本克明　アシスタントプロデューサー：小林勝江　藤田 大
製作協力：深作組　配給：東映　上映時間：113分　製作年：2000年　カメラ＆レンズ：Arriflex 535B, Zeiss, Angenieux
撮影フォーマット：35mmフィルム（Kodak Vision 250D 5246, Vision 500T 5279）　現像：東映化学工業
フィルムタイミング：永沢幸治　平井正雄　アスペクト比：1.85：1

映画『バトル・ロワイアル』(深作欣二／00)は、「中学生同士の殺し合い」を題材にしたことで、物議をかもした小説「バトル・ロワイアル」(高見広春)の映画化です。公開当時、少年犯罪が増えていた社会情勢から、「少年犯罪を助長する恐れがある」という理由で、国会で上映の規制を求める騒動が起きました。

バトル・ロワイアル(以下BR)法により、全国の中学3年生のクラスから抽選で選ばれた、1クラス42人が無人島に閉じ込められます。生徒たちの前に現れた元担任のキタノ(ビートたけし)は、3日間で最後の1人になるまで殺し合いをしろと告げます。

BR法は、多発する少年犯罪への対処という名目で不甲斐ない大人たちが、反発する子どもたちを殺し合わせて溜飲を下げるために作られた法律です。

生徒たちの首に付けられた首輪には、爆弾とGPSと生体モニターが内蔵されていて、タイムリミットの3日目が来ても勝者が決まらないと全員の首輪が爆発をします。支給された武器と食糧を持ち、島へ散った生徒たちに次々と悲劇が起きます。

生徒たちの殺される場所の描き分け

BRで殺される生徒たちは、男子生徒は屋外が多いのに対して、江藤恵(池田早矢加)がいた漁具小屋、相馬光子(柴咲コウ)が根城にした小屋、琴弾加代子(三村恭代)がいた廃工場など、女子生徒は室内が多くなっています。

美術スタッフは女子生徒の隠れる場所は、物陰のさらに奥に作って表からは直接見えなくすることで、彼女たちの戦いを避けたい心情を描いてます。『バトル・ロワイアル』(以下『バトル』)が子どもたちが殺し合うだけのバイオレンス映画でないことは、キャラクターに合わせて殺される場所を丁寧に描き分けていることからも分かります。

『バトル・ロワイアル』の導入部の編集

映画の世界観を成立させるには、リアルな描写を積み重ねて観客を引き込むというのが常識的な手法ですが、『バトル』では原作の小説と同じようにいきなり荒唐無稽な世界へと突入します。

『バトル』の導入部は、自衛隊のジープに乗るBRを勝ち抜いた優勝者の少女を大勢のマスコミが報道するシーンで、子どもたちの殺し合いを大人たちが見せ物にして熱狂していることを見せます。この導入部の構成は、BRの絶望的な結末を最初に見せることで、観客の心を掴んで『バトル』の世界観へと引き込みます。

このとき大きな役割をしているのが編集です。編集は撮影した映像を作品の意図に沿って、シーンの順序や長さを調節して、1本の映画に仕上げていく工程です。その重要さは、深作監督が「編集は否応なく作家の生理的なものが出る」と話していることからもわかります。

ひとつなぎに見える4つのショット ☞ A

このシーンの中で、女性のレポーター(山村美智)がもみくちゃにされながら、前のめりになって少女の顔を見ようとするのを、4つのショット(1分10秒〜)で続けて見せるシークエンスがあります。編集はレポーターを映す合計5秒ほどの4つのショットをひとつなぎのショットのように見せることで、大人たちがBRを見せ物として熱狂している姿を、映像からも途切れることなく伝えます。4つのショットをひとつなぎのショットのように見せるために、編集でさまざま工夫をしています。

レポーターを映すサイズが斜め正面からのアップで、彼女の手前にはマスコミを制止する自衛隊員、周りには他のマスコミがいる、似ているショットを続けて使っていることはその1つです。

A　ひとつなぎに見える4つのショット

レポーターを映すサイズ、手前にいる自衛隊員、周りにいる他のマスコミ、似た構成のショットを続けて使うことで、4つのショットをひとつなぎに見せている。

ひとつなぎのショットに見せる3つの編集点 ☞ B

ひとつなぎのショットに見えるのは、ポンッポンッポンッと良いテンポで編集しただけでなく、3つの適切な編集点が選ばれているためです。

2つめの編集点は、レポーターの背後でカメラのフラッシュが光った瞬間にしています。フラッシュの光に気を取られた瞬間を編集点にしたことで、ショットが変わったことを意識させません。

3つめの編集点では、レポーターの手前にいる自衛隊員が、左斜め上の方向に大きく動いて被さるように見える瞬間を編集点にしたことで、2つのショットを一連のショットのように見せています。

報道現場の荒々しい様子を伝える編集点 ☞ B

この3つの編集点は、ショットのつなぎめをスムーズに見せるだけでなく、映像から何を感じてほしいのかを明確にしています。

1つめの編集点を見ると、1つめのショットの終わりは画が左に大きく傾き、2つめのショットの始まりは画が右に大きく傾いています。2つのショットを続けてみると、カメラが大きく揺れたように見えて、報道現場の荒々しい様子が伝わります。

レポーターを少しずつ大きくする編集点 ☞ B

このシークエンスでは、ショットが変わるとレポーターの顔を映すサイズが少しずつ大きくなっています。2つめと3つめの編集点は、レポーターの手前にいる自衛隊員のヘルメットが、レポーターの顔を隠れた瞬間を選んでいます。

B 大人たちの熱狂を感じさせる構成

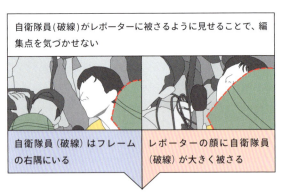

大人たちがBRに熱狂していることは、レポーターの顔を映すサイズを少しずつ大きくすることでも伝えられる。

この編集点を選んだことで、ショットをつないでレポーターの映すサイズが大きくなったのではなく、少女の顔を見ようとして、レポーターが前のめりになったことで、映すサイズが大きくなったように見えています。

BRの狂気を知らしめるショットと
フラッシュ効果 ☞C

このシーンの最後（1分19秒〜）は血まみれになった少女が笑う顔のアップを、フレームのセンターに映すショットが3つ続きます。マスコミのカメラのフラッシュで、映像が白くなるタイミングでショットが変わり、少女の顔を映すサイズは少しずつ大きくなります。

観客の視線は、少女の顔を映すサイズが変わることと、白コマによるフラッシュ効果で、少女の表情へ惹きつけられます。そして最後に少女の笑っている口元を、フレームのセンターに置く不気味なショットは、彼女がBRで体験してきた狂気を知らしめます。

フラッシュ効果とは、観客の目を一瞬眩ませることで、観客の気持ちを惹きつけて、視線を集中させることです。コンサートでステージの前面に、花火など発光するものを並べる舞台演出と同じものです。

大人と子どもの対立を明確にするカメラワーク

この冒頭のシーンは、大人側と少女側でカメラワークを使い分けて、『バトル』は大人と子どもが対立する映画であることを明確にします。マスコミ側を映すショットはカメラを手持ち撮影で揺らして、少女側を映すショットはカメラを三脚に据えて揺らさないようにしています。

『バトル・ロワイアル』での俳優の選び方

『バトル』では多くのアクションシーンは、アクションチームのサポートを受けて、生徒役の俳優たちが演じています。深作監督は42人の生徒役の俳優たちを選ぶとき、体育の授業のようなこと繰り返して、運動神経の良し悪しを基準にして見極めています。

またお腹から力のある声を出す発声術のトレーニングを行って、アクション中に台詞を言えるようにしています。アクションの最中に台詞が加わることで、アクションとドラマを強く結び付けることができます。

C　BRの狂気を知らしめるショットとフラッシュ効果

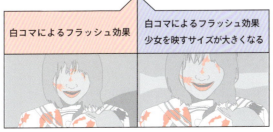

俳優の発声術

発声術については、俳優の山崎努さんが自著「俳優のノート」に、70年代にイギリスの俳優ジュディ・デンチの舞台「冬物語」を観たとき、長台詞を凄まじいスピードで一息で言い切りながら、どこで息つぎしているのか全く分からない発声術に驚き、感動したことを書いています。クラシック歌手の呼吸法をアレンジしたらしいこの発声術を、山崎さんは演出家のテレンス・ナップ氏から伝授してもらっています。

発声術のやり方は、先ず横隔膜を横に拡げて息をストックして、その状態をキープしながら、さらに背中と腹に息を入れる。横に拡げるのがタンクで、前後がポンプの役割をすると書いています。

位置・アクセント・リズム・リアクション

深作監督は42人の生徒役の俳優たちに、位置に気をつけろ、動きにアクセントをつけろ、リズムを変えろ、リアクションは身体で示せと言って、リハーサルと撮影現場で演出をしています。

無人島にある廃校の教室で、生徒たちがBRのルール説明を受けているシーン（8分15秒〜）があります。この中で、キタノの投げたナイフで女子生徒の1人が殺されたことで、生徒たちがパニックになって教室から逃げ出そうとするのを、自衛隊が威嚇射撃をして阻止するシークエンスがあります。ここでの一連のショットの生徒たちの動きには、この演出の成果を見ることができます。

時間差で動かす3つのグループ ☛D

深作監督は群像劇の中で、映像に躍動感を出す演出に長けています。このシークエンスの中から2つのショットを例に挙げます。

最初は教室内を逃げ惑う生徒たちを、楽しそうに見ているキタノの周りを、タイヤドリー（移動車）に載せられたカメラが時計回りに240度ほど回る、5秒ほどのショット（13分1秒〜）です。このときキタノの背景で逃げる生徒たちは、常にフレームの中に映すため、一斉に動かさずに3つのグループに分けて時間差で動かしています。

広い範囲で動く最初のグループ ☛D

最初のグループは15〜16人ぐらいで、キタノの背中から正面をカメラが映している間の背景を受け持っています。映る背景は教室の前側にある引き戸から廊下側の窓、後ろの壁、校庭側の窓の一部までです。およそ140度の広い範囲が映る上に、奥行きのある画になります。

この広い範囲をカバーするために、このグループの生徒たちは広い範囲に散らばって動いています。カメラになるべく生徒が長く映り続けるように、生徒の何人かはキタノの背景を回りこむように走らせています。

固まって動く次のグループ ☛D

次のグループは12人で、キタノの右斜め正面から、右斜め後ろ姿を映している間の背景を受け持っています。背景になるのは校庭側の窓で、生徒たちの動かし方はキタノのそばを固まって通過させています。

生徒たちの動きを最初のグループから変えた理由は3つ考えられます。1つめはキタノと窓の距離が近く、通過できる場所が限られていること。2つめは最初のグループと動き方を変えて、背景にメリハリをつけるためです。3つめは、カメラの動く向きは時計回り、生徒たちの動く向きは反時計回りのため、生徒たちの動く速さが実際よりも速く見えるためです。電車に乗っているとき、すれ違った電車の速度が速く見えるのと同じです。そのためこのグループは動きを見えやすくするため、固めて動かしたと考えられます。

人数が少ない最後のグループ ☛D

最後のグループは4人で、キタノの右斜め後ろ姿を映す短い間の背景を受け持っています。映る背景は校庭側の窓の一部と黒板までの狭い範囲です。生徒たちの動かし方は、人数が少ないこともあり前の2つのグループに比べて目立たないです。

ここで生徒たちの数を減らしたのは、生徒たちの背景にいる自衛隊の隊員たちを見せるためと考えられます。ここでの自衛隊員の見せ方は、背景にいることを匂わせるだけですが、このあと彼らが背景にいる意味を見せるショットがあります。

物語とカメラワークが結びついたショット ☛D

このショットは、物語とカメラワークが密接に結びついています。キタノがクラスの担任だったときは、生徒たちから馬鹿にされる存在でした。このショットでキタノを中心に映すこのカメラワークと、生徒たちの逃げ惑う動きは、キタノと生徒たちの立場が完全に逆転したことを見せます。

D 時間差で動かす3つのグループ

1

2

3

4

5

6

7

8

最初のグループ

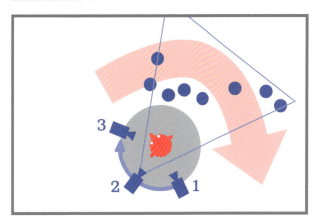

最初のグループは広い範囲をカバーするため、広い範囲に散らばって動く。生徒の何人かはキタノの背景を回りこむように走らせて、カメラになるべく長く映り続けるようにしている。

次のグループ

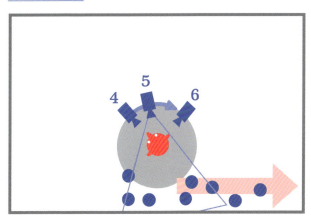

次のグループの動きが変わるのは、通過できる場所が限られている。最初のグループと動きを変えてメリハリをつける。カメラとグループの動く向きが反対のため、固めて動かして見えやすくしたと考えられる。

最後のグループ

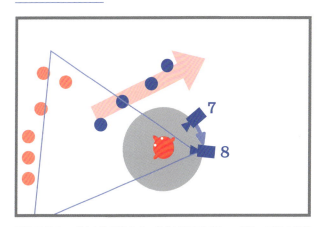

最後のグループは人数が少なく、動きは目立たない。グループの人数を減らしたのは、背景にいる自衛隊の隊員たちを見せるためと考えられる。

キタノの後ろ盾を象徴するショット ☛ E

生徒たちが教室内を逃げ惑うシークエンスが終わったあと、キタノ向けのショット（13分23秒〜）があります。

キタノの背景には、生徒たちへ銃を向ける自衛隊員たちが左右4名ずついます。キタノが彼らに手で合図を送ると、左側の隊員たちは右方向へ、右側は左方向へ動いて、交差をしながら所定の位置へ戻ります。この交差をする動きは映像に躍動感を与えながら、彼らが統制された組織であることを印象づけます。

生徒たちがバラバラに逃げ惑う姿とは対照的な、このキタノ向けのショットは、自衛隊＝国家がキタノの後ろ盾であり、生徒たちに対してキタノが優位な立場であることを象徴的に見せます。

深作監督が背景の演出を重視する理由

深作監督はさまざまな作品で、背景にいる俳優たちのブロッキング（舞台での俳優の動きや位置を示す用語）を重視した演出をする理由を話しています。

「後ろがまずけりゃ、中心がいくらよくたってそのカットはダメ。（中略）後ろから芝居をつけていって主役は一番最後でいい。主役なんざ、ほっといたってセリフは入っているからいいんだと（笑）。不思議に思うかもしれませんが、後ろがよくなると、全体がよくなるんですよ」（「仁義なきバトル・ロワイアル」より）

目減りを防ぐ演出術

深作監督は監督に成り立ての1960年代、撮影現場でOKと思った芝居をスクリーンで見ると、現場で見たものが40パーセントしか映っていなかったと話しています。これはカメラのレンズを通して映してスクリーンに投影

E キタノの後ろ盾を象徴するショット

 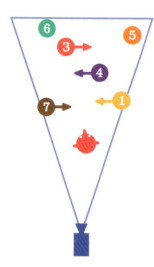 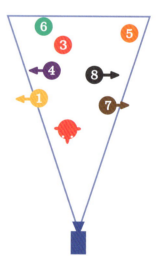

左側にいる①と③の隊員は右方向へ、②の隊員は左方向へ向かう
④と⑦の隊員は手前に来る

右側にいる①と④の隊員は左方向へ、③と⑦の隊員へ右方向へ向かう

右側にいる①と④と⑤の隊員は左方向へ、⑦の隊員は右方向へ
左側から現れた⑧の隊員が右方向へ向かう

する映画のメカニズムにより欠け落ちていく、やむを得ないものだと知ります。

深作監督は60パーセントは最初から目減りするものと承知して、どうカバーするか、どう取り戻すかを考えるようになりました。

撮影段階では俳優のブロッキングに加えて、カメラの構図や照明の工夫をして、仕上げの段階では編集や音楽で補って目減りするのを防ぐことこそが演出術だと話しています。深作監督はこの演出術を確立するのに、10年かかったと話しています。

1人の少女の強い意志

『バトル』では登場する時間が短い生徒たちも、キャラクターが丁寧に描かれます。小川さくら（嶋木智実）が、BRから逃れることはできないと観念して、怖気づく山本和彦（佐野泰臣）の手を引いて、崖から飛び降りて自死をするシーン（29分5秒〜）があります。

小川はBRで人を殺さないことを選び、大人たちの言いなりにならない意志を見せます。小川が映画の中で目立つのは、全部で2分にも満たない短さですが、彼女の決意の強さは、廃校の教室のシーンでBRで使う武器の受け取りを拒否することでも描かれています。

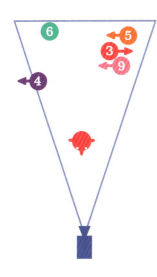

右側にいる④と⑤の隊員は左方向へ、③の隊員は右方向へ
右側から現れた⑨の隊員が左方向へ向かう

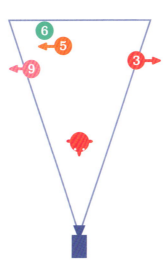

右側にいる⑤と⑨の隊員は左方向へ、③の隊員は右方向へ。

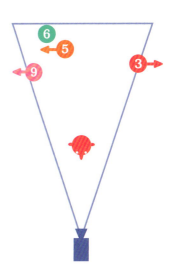

⑥の隊員以外はキタノの背景から消える

ツブシ（Day for Night）☞ F

　この小川と山本が自死をするシーンは昼間に撮影をしていますが、薄暗い青みのある映像に撮って夜のシーンに見せる、海外ではDay for Night、日本ではツブシもしくは擬似夜景と呼ばれる技法が使われています。

　『バトル』では夜の設定になっている屋外の海岸や山中のシーンの多くでツブシを使っています。ツブシを使ったのは、全て本当の夜に撮影をすると日程を消化するのが難しかったためです。

　ツブシはただ映像を暗く撮るだけだと、人物の顔の影になる部分が暗すぎて、表情が読み取れなくなります。『バトル』では、日中の光に負けない明るさを持つ、強力な照明機材16kwHMIライトを2台用意して、影になった部分に光を当てています。

　小川と山本が崖の突端に立つツーショットでは、光を左右から当てて、2人の表情を見せています。

『バトル』でもっとも悲劇的なシークエンス

　灯台に籠っていた女子生徒の仲良しグループが、お互いへの疑惑と不安に耐えかねて殺し合う銃撃戦は、『バトル』でもっとも悲劇的なシークエンス（66分54秒～）です。9分という短い時間の中でそれぞれに見せ場が設けられることで、彼女たちの死はより哀しみを増します。

F　ツブシ（Day for Night）

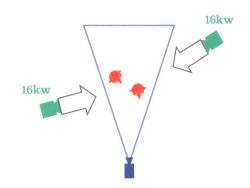

映像を暗く撮り、強力な照明を使って影の部分に光を左右から当てて、2人の表情を見せている。

3組に分けられる仲良しグループ ☞ G

　このグループは、グループをまとめているリーダー組、暴力と死に怯えるネガティブ組、陽気さと料理でグループの雰囲気を良くするムードメーカー組の3つに分けることができます。それぞれの組は髪型と衣裳からもグループ分けをしています。

　グループのメンバー6人は、リーダー組はリーダーの内海幸枝（石川絵里）とサブリーダーの谷沢はるか（石井里弥）、ネガティブ組は暴力が苦手な榊祐子（日向瞳）、悲観的な野田聡美（神谷涼）。ムードメーカー組は陽気でお調子者の中川有香（花村怜美）と料理が得意で大人しい松井知里（金井愛砂美）です。

白いシャツと整った髪のリーダー組 ☞ G

　白いシャツを着ているのが、内海幸枝と谷沢はるかです。シャツの白さで観客の目を惹きつけ、腕まくりをして快活さを出しています。

　髪型は内海はウェーブのある薄い茶髪で肩までの長さ、前髪をピンで止めておでこを出しています。谷沢はストレートの黒髪のボブで、おでこに前髪を下ろしています。2人の髪型はリーダーらしく整えられています。

シワがある服と毛先が乱れたネガティブ組 ☞ G

　クリーム色のブレザーを着ているのが、榊祐子と野田聡美です。ブレザーにはシワが多く着崩れて、2人が疲れているように見せます。

　髪型は、榊は肩までのストレートの黒髪で、おでこに前髪を下ろしています。野田はウェーブのある薄い茶髪で肩までの長さで、前髪を半分おでこへ下ろしています。また生徒の中で唯一、眼鏡をかけ特徴を持たせています。リーダー組と似てますが、ボサボサな髪型にして、彼女たちの不安定な心情を表しています。

髪型でキャラクターを出すムードメーカー組 ☞ G

　ジャージを着ているのが、中川有香と松井知里です。ジャージの色は、陽気な中川は明るい色のエメラルドグリーン、大人しい松井は落ち着いた紺色です。2人がジャージを着ているのは、中川は動きやすさを優先するため、松井は料理中に制服を汚さないためと考えられます。

　中川の髪型は、ストレートの黒髪のロングで、耳に髪をかけて、前髪はおでこに下ろしています。彼女が走る

と長い髪の毛が弾んで、快活さが強調されます。

　松井は髪型は左右に分けて束ねたおさげで、前髪はピンでしっかりと止めています。崩れにくい髪型は、彼女が日常的に家事をしていることを伺わせます。

　衣裳と髪型からもキャラクターを描き分ける工夫は、『バトル・ロワイアル』の世界に厚みを与えています。

G　衣裳と髪型で明確に3組に分けられる仲良しグループ

6人は衣裳で3つのグループに分けられている。リーダー組は白いシャツ、ネガティブ組はシワの多いジャケット、ムードメーカー組はジャージを着ている。

白いシャツと整った髪型の　リーダー組

内海の髪はウェーブのある肩までの長さの薄い茶髪、前髪をピンで止めておでこを出している。

谷沢はストレートの黒髪のボブで整えられている。

シワがある服と毛先が乱れた　ネガティブ組

榊は肩までのストレートの黒髪で、おでこに前髪を下ろしている。毛先は乱れている。

野田はウェーブのある薄い茶髪で肩までの長さで、前髪を半分おでこへ下ろしている。毛先はあっちこっちに跳ねている。

髪型でキャラクターを出す　ムードメーカー組

中川の髪型はストレートの黒髪のロングで、耳に髪をかけている。走ると長い髪の毛が弾んで、快活さが強調される。

松井は髪型はおさげで、前髪はピンで止めている。崩れにくい髪型が日常で家事をしていることを伺わせる。

参考資料：『バトル・ロワイアル』Blu-rayと特典／『映画は戦場だ 深作欣二 in『バトル・ロワイアル』』／「仁義なきバトル・ロワイアル」（深作欣二 高野育郎著）／「俳優のノート」（山﨑努著）／「『バトル・ロワイアル』撮影報告」（柳島克己 映画撮影147号）／「バトル・ロワイアル・インサイダー」（高見広春著）／『バトル・ロワイアル』パンフレット／小説「バトル・ロワイアル」（高見広春作）
協力：柳島克己

Photo by 小倉新人

御木茂則
Shigenori Miki

映画カメラマン／1969年生まれ。日本映画学校（現・日本映画大学）卒業後、丸池納氏に師事。撮影助手として『7人のおたく』（山田大樹監督／92）黒沢清監督の『勝手にしやがれ!!』シリーズ（95）、CMでは上田義彦氏などの作品に携わる。『パンク侍、切られて候』（石井岳龍監督／18）などで撮影補として携わる他、『孤独な惑星』（筒井武文監督／11）『滝を見にいく』（沖田修一監督／14）『彼女はひとり』（中川菜月監督／18）、『Sleep No More/Monster Pabrik Rambut』（Edwin 監督／25）では照明技師としても活躍。『希望の国』（園子温監督／12）、『Laki sa Tubig』（Janus Victoria監督／22）、『火だるま槐多よ』（佐藤寿保監督／23）では撮影。日本映画撮影監督協会理事／名古屋学芸大学 教授（25年〜）、神戸芸術工科大学 非常勤講師、京都芸術大学 講師／23年度文化庁芸術家在外研修員

映画のタネとシカケ
現代日本映画編

発行日	2025年3月10日　初版発行	発行所	株式会社玄光社
著者	御木茂則		〒102-8716　東京都千代田区飯田橋4-1-5
発行人	勝山俊光		TEL：03-3263-3515（営業部）FAX：03-3263-3045
編集人	川本 康		URL：https://www.genkosha.co.jp
編集	一柳通隆（VIDEO SALON）	印刷／製本	問い合わせ：https://www.genkosha.co.jp/entry/contact/
			シナノ印刷株式会社
イラスト	中澤一宏　清水ツユコ		©2025 Shigenori Miki ©2025 GENKOSHA CO.,Ltd.
デザイン	飯田裕子		Printed in Japan

〈（社）出版者著作権管理機構 委託出版物〉本誌の無断複製は著作権法上での例外を除き禁じられています。複製される場合は、そのつど事前に、（社）出版者著作権管理機構（JCOPY）の許諾を得てください。また本誌を代行業者等の第三者に依頼してスキャンやデジタル化することは、たとえ個人や家庭内での利用であっても著作権法上認められておりません。JCOPY　TEL：03-5244-5088　FAX：03-5244-5089　E-MAIL：info@jcopy.or.jp